『十三五』国家重点出版物出版规划项目

长江三峡工程
文物保护项目 报告 乙种第四十七号

重庆市文物局 重庆市水利局 主编

丰都麻柳嘴遗址

河北省文物考古研究院
丰都县文物管理所

编著

科学出版社

内 容 简 介

本报告是三峡库区重庆丰都县麻柳嘴遗址的考古发掘专题报告。通过对该遗址唐代和明清两个不同时期遗存的发掘与研究，为三峡库区考古学文化体系的建立提供了重要的考古学资料。

本书可供考古学、历史学、民族学以及相关专业大专院校师生参考。

图书在版编目（CIP）数据

丰都麻柳嘴遗址 / 河北省文物考古研究院，丰都县文物管理所编著.
—北京：科学出版社，2024.6.
（长江三峡工程文物保护项目报告）. —ISBN 978-7-03-078724-8

Ⅰ. K878.05

中国国家版本馆CIP数据核字第2024G49C84号

责任编辑：郝莎莎 / 责任校对：邹慧卿
责任印制：肖　兴 / 封面设计：陈　敬

科学出版社 出版
北京东黄城根北街16号
邮政编码：100717
http://www.sciencep.com

北京中科印刷有限公司印刷
科学出版社发行　　各地新华书店经销
*
2024年6月第　一　版　　开本：880×1230　1/16
2024年6月第一次印刷　　印张：9
字数：350 000

定价：238.00元
（如有印装质量问题，我社负责调换）

"13th Five-Year Plan" National Key Publications Publishing and Planning Project

Reports on the Cultural Relics Conservation
in the Three Gorges Dam Project
B(site report) Vol.47

Cultural Relics and Heritage Bureau of Chongqing
Chongqing Water Resources Bureau

Maliuzui Site in Fengdu County

Hebei Provincial Institute of Cultural Relics and Archaeology
Cultural Relics Administration of Fengdu County

Science Press

长江三峡工程文物保护项目报告

重庆库区编委会

冉华章　江　夏　幸　军　任丽娟　王川平　程武彦　刘豫川　白九江

重庆市人民政府三峡文物保护专家顾问组

张　柏　谢辰生　吕济民　黄景略　黄克忠　苏东海　徐光冀

刘曙光　夏正楷　庄孔韶　王川平　李　季　张　威　高　星

长江三峡工程文物保护项目报告

乙种第四十七号

《丰都麻柳嘴遗址》

主　　任：张文瑞

副主任：毛保中　张晓峥　黄　信　赵战护

委　　员（以姓氏笔画为序）：

马小飞　马　超　王法岗　任　涛　刘连强

杨丙君　佟宇喆　张春长　赵永胜　郝娇娇

胡金华　徐文英　高建强　郭晓明　韩金秋

雷建红　魏振军　魏曙光

主　　编：刘连强

项目承担单位

河北省文物考古研究院

丰都县文物管理所

目　　录

插 图 目 录

图 版 目 录

第一章　概　述

一、历 史 沿 革

依据《丰都县志》记载[1]，丰都县位于重庆市东部（原为四川省），介于东经107°28′3″～108°12′37″，北纬29°33′18″～30°16′25″。东邻石柱，南接武隆、彭水，西靠涪陵，北毗垫江、忠县。清嘉庆《四川通志》以"壮涪关之左卫，控临江之上游，扼石砫之咽喉，亘垫江之屏障"[2]，点出其地位之重要。

丰都县城——名山镇，位于县境中部，长江北岸，名山、双桂山南麓，北纬29°53′，东经107°42′，海拔160米。其地古称丰民洲，周时为"巴子别都"。自东汉建县以来，历为县治所在地，曾有三次短暂迁徙。明末连年争战，官署民舍被毁。清初，县官曾侨居高家镇。顺治十七年（1660年），知县商起予在故城宣化门重建县衙。同治九年（1870年），治所毁于长江洪水，十一年筑新城于傅家堡，县衙迁新城六口井。光绪三年（1877年），知县陆镕复葺旧治，县署迁还。民国二十九年（1940年），为避日机轰炸，县府迁麻柳嘴，两年后迁还原处。署址在今商业路，中华人民共和国成立后为县人民政府驻地。

周时，丰都境属巴国，曾建"巴子别都"；至秦，属巴郡枳县（今涪陵）；西汉，属益州巴郡枳县。

东汉和帝永元二年（90年），分枳县地置平都县，治所倚平都山（名山），故名，是为丰都建县之始。初置隶益州巴郡；献帝初平元年至建安五年（190～200年）隶益州永宁郡。

三国蜀汉延熙十七年（254年），平都县并入临江县（今忠县），属益州巴郡；至西晋，属梁州巴郡；成汉，属荆州巴郡；东晋，属梁州巴郡；南朝宋初，属益州巴郡；齐，属巴州巴郡；梁，属楚州临江郡；北朝西魏、北周，属临州临江郡。

---

[1]　四川省丰都县地方志编纂委员会：《丰都县志》，四川科学技术出版社，1991年；丰都县地方志编纂委员会：《丰都县志（1986～2005）》，电子科技大学出版社，2014年。

[2]　（清）常明、杨芳灿等纂修：《四川通志》，巴蜀书社，2021年。

隋开皇三年（583年），境属临州临江县；大业三年（607年），属巴东郡临江县；恭帝义宁二年（618年），自临江县分出置酆都县，隶临州。治所酆民洲在平都山下。

唐贞观八年（634年），酆都县隶山南道忠州；天宝元年（742年），隶山南东道南宾郡；乾元元年（758年），隶山南东道忠州；至五代前蜀、后蜀，隶忠州。

北宋真宗时，酆都县隶夔州路忠州南宾郡；徽宗政和元年（1111年），复并入临江县；南宋高宗绍兴元年（1131年），酆都县复置；度宗咸淳元年（1265年），隶夔州路咸淳府。

元时，酆都县隶四川行省重庆路忠州；至元二十一年（1284年），垫江县并入酆都；至正二十二年（1362年），明玉珍大夏政权时，垫江分出。

明洪武十年（1377年），酆都县并入涪州，属四川承宣布政使司重庆府；十三年（1380年）自涪州分出复置县，改名酆都，隶重庆府忠州。

清康熙十三年（1674年），酆都县为吴三桂军占领；十九年（1680年）清军收复；雍正十二年（1734年），隶忠州直隶州；嘉庆七年（1802年），隶川东道忠州直隶州。

辛亥革命时（1911年），酆都县隶重庆蜀军政府；民国元年（1912年），隶四川省忠州；民国二年，隶四川行政公署川东道；民国三年，隶四川巡按使公署东川道；民国十七年，直隶四川省；民国二十四年，隶四川省第八行政督察区。

中华人民共和国成立后，1950年，酆都县隶西南区川东行署区涪陵专区；1952年9月，隶四川省涪陵专区；1958年改县名酆都为丰都；1968~1985年，丰都县隶四川省涪陵地区；1997年，设立重庆直辖市后，丰都县改隶重庆直辖市；2001年9月，因三峡工程建设，县政府驻地由长江北岸的名山镇迁到长江南岸的三合镇。

二、地 理 环 境

丰都县大地构造属四川台拗川东陷褶束，为古生代相对隆起，中生代拗陷，新生代喜马拉雅山运动生成的北东向构造带。背斜细长平行伸展，向斜构造宽缓，常有一级鼻状构造伴生。

丰都县地处四川盆地东部边缘，由一系列平行褶皱山系构成，长江横贯中部。县内以山地为主，山区约占全县面积的五分之三，丘陵次之，仅在河谷、山间有狭小的平坝。县境地势东南高，西北低，山脉东北至西南走向，山脉和丘陵、山间平坝（槽谷）相间分布，境内地貌的显著特征为"四山夹三槽"。

全县地貌分区大致以方斗山为界，方斗山西北属低山丘陵区，方斗山东南以低中山为主。七曜山沙堡子海拔2000米，为丰都县最高峰；楠竹乡大山溪口（零点水位）海拔118.5米，为县内最低点。

丰都县主要河流有长江、龙河、渠溪河、碧溪河。长江从涪陵马颈子入县境，至大山溪进入忠县，县境内流程47千米，年径流量约4258亿立方米。三峡工程建成175米蓄水后，长江在全县形成62.28平方千米的库面。

丰都县属亚热带湿润季风气候，气候温和，四季分明，雨量充沛，年平均气温18.5℃，年降水量902毫米，日照1125小时，无霜期318天。

第二章　遗址概况、发掘经过及资料整理情况

一、遗址概况

　　麻柳嘴遗址在三峡工程蓄水淹没之前隶属于重庆市丰都县龙孔乡楠竹村5社，西南距丰都县城约28千米（图一）。遗址位于长江右岸的一级台地上，地势东高西低，西部近江岸处较为平坦。一条由东向西汇入长江的溪沟（张溪）将遗址分割为南、北两部分。北部台地（麻柳嘴）地势东高西低，南部台地（中嘴）地势由西向东倾斜（图版一、图版二）。遗址地表种植小麦、油菜籽、土豆、红薯等农作物。遗址中心坐标为东经107°51′38″、北纬30°04′11″，高程152米。

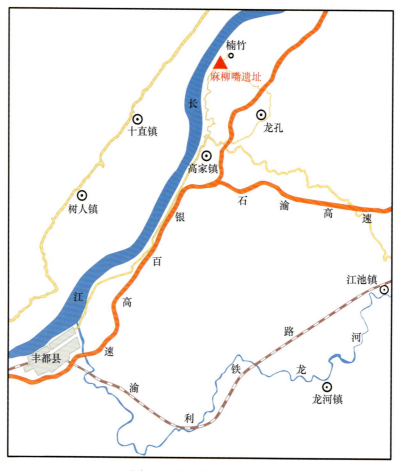

图一　遗址位置示意图

图版一　遗址远景（东—西）

图版二　遗址Ⅰ区地貌（东北—西南）

2006年之后，三峡水库开始运行，蓄水能力由156米逐步达到175米，麻柳嘴遗址被水库淹没。

二、发 掘 经 过

为做好三峡工程文物保护工作，受重庆市文化局委托，河北省文物研究所（2019年更名为河北省文物考古研究院）在丰都县文物管理所的协助下于2002年和2004年对麻柳嘴遗址进行了两个年度的考古工作。

2002年10月，首先对麻柳嘴遗址进行了全面勘探，勘探面积40000余平方米，基本上了解了遗址地层堆积和地下遗存埋藏情况。

根据勘探成果，结合地形，将地势较低、文化层堆积较厚、靠近江边的遗址丰富区划分为Ⅰ区、Ⅱ区和Ⅲ区。以张溪为界，南侧台地中部为Ⅰ区，南部为Ⅲ区；张溪北侧台地为Ⅱ区（图二）。

2002年10~11月，对Ⅰ区、Ⅱ区进行了发掘（图版三至图版五）。Ⅰ区布5×5平方米探方80个，探方编号为T101~T118、T201~T218、T305~T318、T405~T419、T505~T519（图三；图版六）；Ⅱ区布5×5平方米探方20个，探方编号为T1~T20（图四）。2002年发掘总面积2500平方米，发现商周、唐、宋元、明清等多个时期文化遗存（由于商周、宋元时期遗存均为细碎陶片且较少，故本报告不予介绍），共清理唐代墓葬1座，明清时期灰坑3个、沟4条。2002年考古领队为李君，参加工作的其他人员有刘连强、徐建中、徐永江、梁纪想、常如意、郄有旺、王瑞刚、高中义等。

2004年2~4月，再次对Ⅰ区、Ⅱ区进行发掘，另外首次发掘了Ⅲ区（图版七至图版一〇）。Ⅰ区布5×5平方米探方40个，探方编号为T0101~T0115、T0201~T0215、T0306~T0315（图五；图版一一、图版一二）；Ⅱ区布5×5平方米探方20个，探方编号为T0101~T0106、T0201~T0207、T0301~T0307（图六）；Ⅲ区布5×5平方米探方20个，探方编号为T0101~T0110、T0201~T0210（图七）。2004年发掘总面积2000平方米，发现唐、明清时期文化遗存，共清理唐代灰坑1个，明清时期灰坑1个、沟9条。2004年考古领队为徐海峰，参加工作的其他人员有张晓峥、雷建红、齐瑞普、任涛、李楠、雷金计、王瑞刚、焦志华、刘斌、付坤明等（图版一三）。

麻柳嘴遗址两次发掘总面积4500平方米，共清理唐代墓葬1座、灰坑1个，明清时期灰坑4个、沟13条，总计出土瓷、陶、釉陶、铜、铁、石等质地编号遗物约100件。

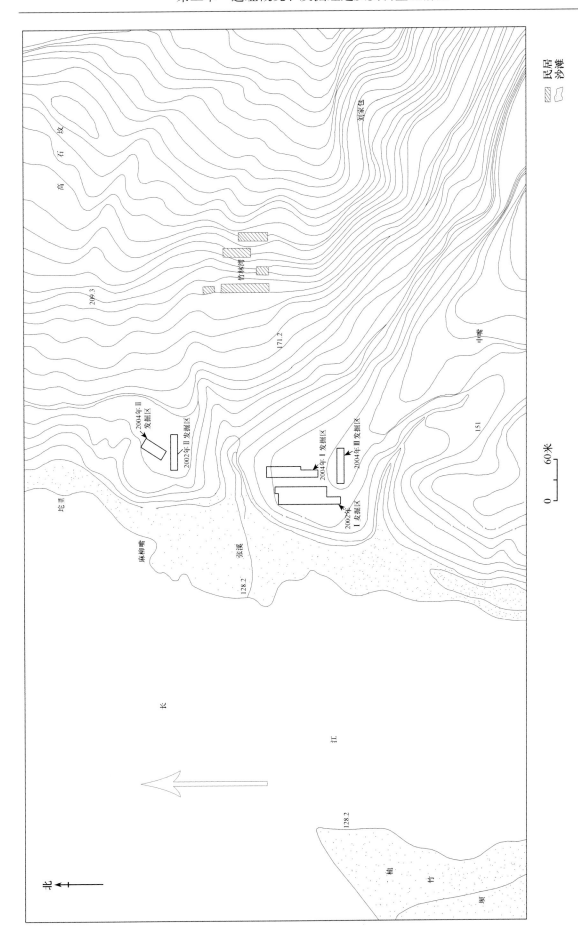

图二 遗址地形及2002年、2004年发掘区位置图

图版三　2002年发掘场景（一）

图版四　2002年发掘场景（二）

图版五　2002年发掘场景（三）

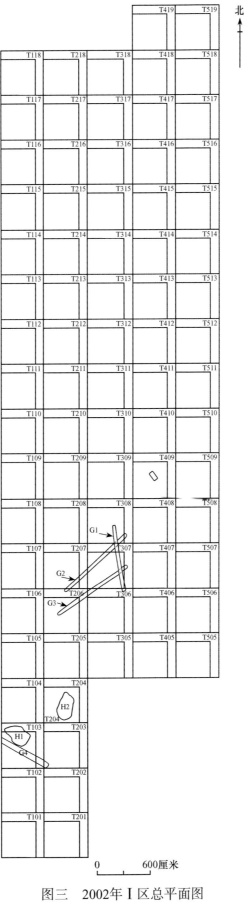

图三　2002年Ⅰ区总平面图

图版六 2002年Ⅰ区远景（东北—西南）

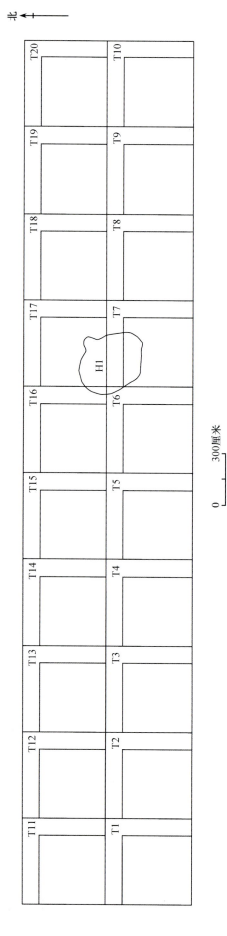

北

| T20 | T19 | T18 | T17 | T16 | T15 | T14 | T13 | T12 | T11 |
| T10 | T9 | T8 | T7 | T6 | T5 | T4 | T3 | T2 | T1 |

H1

0   300厘米

图四 2002年Ⅱ区总平面图

图版七　2004年工作场景（一）

图版八　2004年工作场景（二）

图版九　2004年工作场景（三）

图版一〇　2004年工作场景（四）

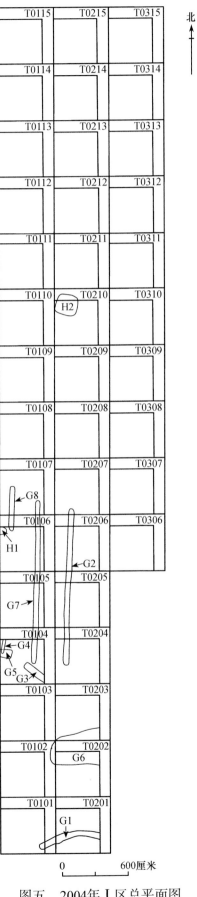

图五　2004年 I 区总平面图

图版一一   2004年Ⅰ区远景（北—南）

图版一二   2004年Ⅰ区近景（南—北）

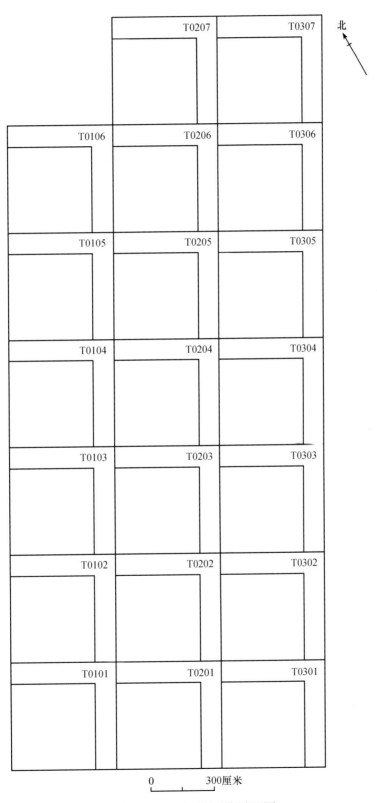

图六　2004年Ⅱ区总平面图

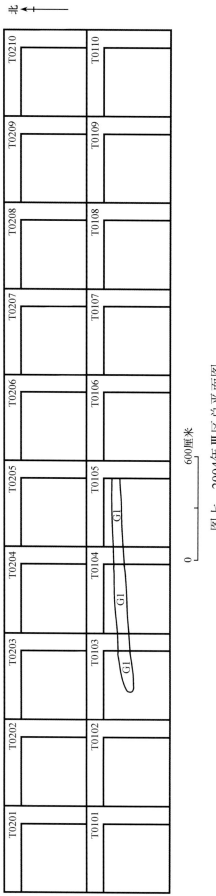

图七　2004年Ⅲ区总平面图

图版一三 2004年参加发掘人员

三、编 写 说 明

（1）遗址缩写：2002年、2004年考古工作中麻柳嘴遗址分别缩写为"2002CFM"和"2004CFM"，其中"2002""2004"代表发掘年度，"C"代表重庆市，"F"代表丰都县，"M"代表麻柳嘴遗址。

（2）分区编号：麻柳嘴遗址分为Ⅰ区、Ⅱ区和Ⅲ区，其中Ⅰ区和Ⅱ区2002年、2004年均进行了发掘，分别编号为2002CFMⅠ、2002CFMⅡ、2004CFMⅠ、2004CFMⅡ，Ⅲ区仅2004年进行了发掘，编号为2004CFMⅢ。

（3）探方编号：发掘探方未统一编号，每个发掘区结合发掘年度独立编号。"T"代表探方。2002CFMⅠ、2004CFMⅠ、2004CFMⅡ、2004CFMⅢ以象限法编排，2002CFMⅡ按阿拉伯数字由小到大编排。例如2002CFMⅠT101、2002CFMⅡT1。

（4）地层编号：以探方为单位，每个探方地层堆积由上到下依次编号为①、②、③……例如2002CFMⅠT101①、2002CFMⅠT101②。

（5）遗迹编号：遗迹未统一编号，每个发掘区结合发掘年度独立编号，"M"代表墓葬，"H"代表灰坑，"G"代表沟。例如2002CFMⅠM1、2004CFMⅢG1。

（6）遗物编号：以最小出土单位（地层或遗迹）为单元，每个单元遗物独立编号。例如2002CFMⅠM1：1、2002CFMⅡT1③：1。

四、资料整理情况

麻柳嘴遗址2002年、2004年的考古发掘分别在《重庆库区考古报告集》上发表了年度考古资料，其中2002年的考古发掘资料由刘连强、李君执笔的《丰都麻柳嘴遗址发掘简报》①，发表在《重庆库区考古报告集·2002卷》。2004年的考古发掘资料由徐海峰、雷建红、张晓峥、齐瑞普执笔的《三峡库区重庆市丰都县麻柳嘴遗址2003～2004年度发掘报告》②，发表在《重庆库区考古报告集·2003卷》。

2022年初，根据《国家文物局关于做好三峡工程重庆库区考古报告出版工作的通知》（文物保函〔2022〕90号）要求，以及重庆市文物局与河北省文物考古研究院签订的《三峡重庆库区考古专题报告出版责任书》，河北省文物考古研究院开始着手对麻柳嘴遗址2002年和2004年的考古发掘资料进行全面系统的整理。2023年3月完成器物修复、绘图、拍照等资料整理工作，2023年7月完成发掘报告《丰都麻柳嘴遗址》初稿，2024年3月发掘报告定稿，交科学出版社。资料整理和报告编写工作由河北省文物考古研究院刘连强负责，参与的人员有张晓峥、刘连强、李连申、聂宏进等。

若以往发表的考古资料如有与本报告相悖之处，当以本报告为准。

---

① 河北省文物考古研究所、重庆市文化局、丰都县文物管理所：《丰都麻柳嘴遗址发掘简报》，《重庆库区考古报告集·2002卷》，科学出版社，2010年。

② 河北省文物考古研究所、重庆市文化局、丰都县文物管理所：《三峡库区重庆市丰都县麻柳嘴遗址2003～2004年度发掘报告》，《重庆库区考古报告集·2003卷》，科学出版社，2019年。

第三章 地层堆积与文化分期

一、地层堆积

遗址Ⅰ、Ⅱ、Ⅲ区地层堆积有一定差别，总体来讲Ⅰ区堆积厚、层数多（图版一四、图版一五），Ⅱ、Ⅲ区堆积薄、层数少。

图版一四　2002年Ⅰ区地层堆积（T207东壁）

图版一五　2004年Ⅰ区地层堆积（T0107西壁）

1. Ⅰ区地层堆积

Ⅰ区地层堆积南部较薄、层数少，中北部较厚、层数多。举例说明如下：

（1）2002年Ⅰ区T105北壁剖面（图八）

①层：耕土。厚0.1~0.2米。

②层：黄褐色土，较松软。厚0.14~0.24米。含青花瓷片。

③层：灰褐色土，较松软。厚0.12~0.25米。含青花瓷片。

④层：灰黑色土，较硬。厚0.03~0.17米。未见遗物。

⑤层：黄褐色土，较硬。厚0.15~0.27米。含炭粒、陶片、白瓷片、石块。

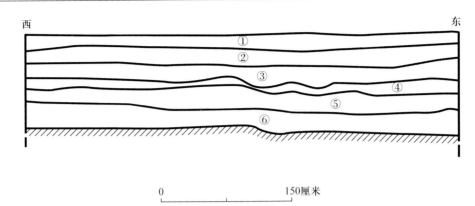

西 东

0 150厘米

图八 2002年Ⅰ区T105北壁剖面图

⑥层：灰黑色土，较硬。厚0.18～0.3米。含青瓷片、铜钱。

⑥层以下为生土。

其中②、③层为明清时期堆积，④、⑤层为宋元时期堆积，⑥层为唐代堆积。

（2）2002年Ⅰ区T308西壁剖面（图九）

①层：耕土。厚0.15～0.2米。

②层：黄褐色土，较松软。厚0.06～0.15米。含少量青花瓷片。

③层：灰褐色土，较松软。厚0.15～0.3米。含少量青花瓷片。

④层：灰黑色土，较硬。厚0.08～0.17米。未见遗物。

⑤层：黄褐色土，较硬。厚0.18～0.22米。含少量陶片、料姜石块。

⑥层：浅红褐色土，较硬。厚0.15米左右。含少量炭粒、烧土粒。

⑦层：灰褐色土，稍软。厚0.3～0.4米。含少量釉陶、青瓷片。

⑧层：黄褐色土，较硬。厚0.26～0.3米。未见遗物。

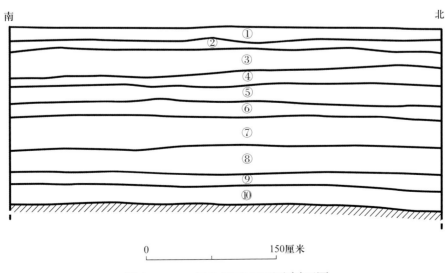

南 北

0 150厘米

图九 2002年Ⅰ区T308西壁剖面图

⑨层：浅灰褐色土，较软。厚0.13～0.19米。未见遗物。

⑩层：灰黑色土，较软。厚0.2米左右。含较多炭及少量陶、釉陶、青瓷片。

⑩层以下为生土。

其中②、③层为明清时期堆积，④～⑥层为宋元时期堆积，⑦～⑩层为唐代堆积。

（3）2002年Ⅰ区T413东壁剖面（图一〇）

①层：耕土。厚0.12～0.17米。

②层：黄褐色土，较松软。厚0.27～0.4米。未见遗物。

③层：灰褐色土，较紧密。厚0.3～0.4米。含青花瓷片。

④层：浅红褐色，较硬。厚0～0.12米。含陶片。

⑤层：黄褐色土，较硬。厚0.05～0.12米。未见遗物。

⑥层：灰黑色土，较硬。厚0.07～0.14米。含陶片、白瓷片。

⑦层：浅黄色土，较软。厚0.07～0.14米。未见遗物。

⑧层：红褐色土，较硬。厚0.2～0.3米。含陶片。

⑨层：黄褐色土，较软。厚0.27～0.42米。含青瓷片。

⑩层：浅黄色土，较软。厚0.23～0.43米。含草木灰、白瓷片。

⑪层：灰黑色土，较软。厚0.3～0.42米。含青瓷片。

⑪层以下为生土。

其中②、③层为明清时期堆积，④～⑧层为宋元时期堆积，⑨～⑪层为唐代堆积。

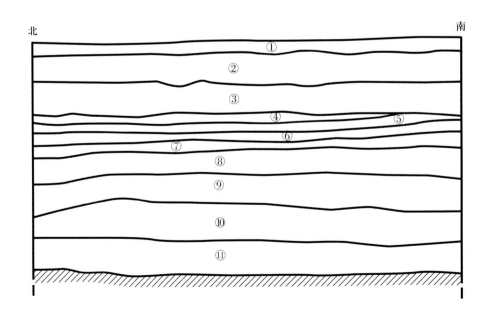

图一〇　2002年Ⅰ区T413东壁剖面图

（4）2004年Ⅰ区T0107南壁剖面（图一一）

①层：耕土。厚0.13～0.25米。

②层：黄褐色土，较松软。厚0.25～0.36米。含烧土块、炭粒、残瓦、青花瓷片。

③层：浅灰褐色土，较疏松。厚0.3～0.45米。含青花瓷片。G7、G8开口于此层下。

④层：深灰褐色土，稍硬。厚0.1～0.25米。含烧土粒、青花瓷片。

⑤层：深黑色土，较致密、黏性大。厚0.1～0.15米。含大量炭粒和少量青花瓷片。

⑥层：红褐色土，较致密、黏性较大。厚0.35～0.4米。未见遗物。

⑦层：灰黄色土，致密、黏性大。厚0.55～0.6米。含炭粒、烧土粒、瓷片。

⑧层：黑褐色土，较致密、黏性大。厚0.22～0.3米。含釉陶片、青瓷片。

⑨层：灰绿色土。厚0.3～0.39米。含螺壳、贝壳。

⑨层以下为生土。

其中②～⑥层为明清时期堆积，⑦～⑨层为唐代堆积。

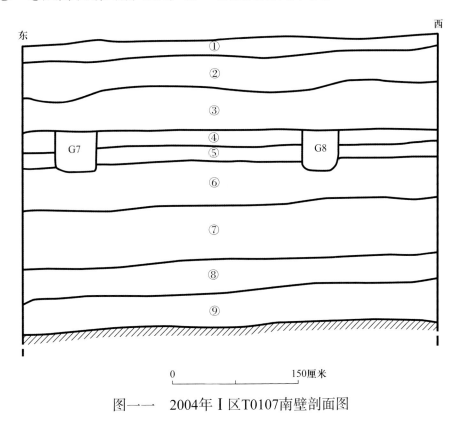

图一一　2004年Ⅰ区T0107南壁剖面图

2. Ⅱ区地层堆积

Ⅱ区堆积西部厚、层数多，东部薄、层数少。举例说明如下：

（1）2002年Ⅱ区T13北壁剖面（图一二）

①层：耕土。厚0～0.15米。

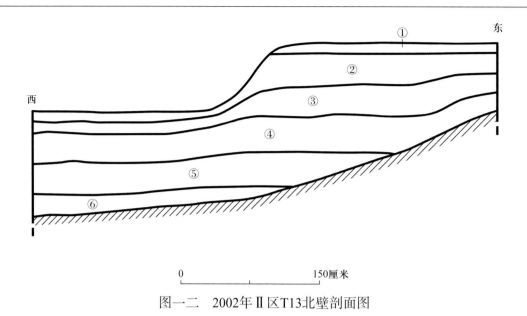

图一二　2002年Ⅱ区T13北壁剖面图

②层：灰褐色土，较软。厚0.06～0.35米。含少量青花瓷片。

③层：深灰褐色土，较硬。厚0.08～0.3米。含少量陶片、炭粒、烧土粒。

④层：浅灰褐色土，较硬。厚0.2～0.4米。含少量陶片、石块、石片。

⑤层：灰黄色土，较硬。厚0～0.35米。含少量炭粒、烧土粒、石块、石片、残骨。

⑥层：黄褐色土，较硬。厚0～0.25米。含少量炭粒、烧土粒、石块、石片、残骨。

⑥层以下为生土。

其中②、③层为明清时期堆积，④～⑥层为商周时期堆积。

（2）2002年Ⅱ区T19东壁剖面（图一三）

①层：耕土。厚0.1～0.2米。

②层：灰褐色土，较软。厚0.13～0.2米。含青花瓷片、陶瓦残片、炭粒、烧土块、石块。

③层：深灰褐色土，较硬。厚0.1～0.18米。含青花瓷片、陶瓦残片、炭粒、烧土块、石块。

③层以下为生土。

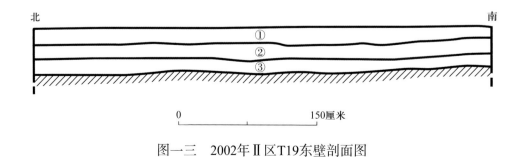

图一三　2002年Ⅱ区T19东壁剖面图

其中②、③层为明清时期堆积。

（3）2004年Ⅱ区T0101东壁剖面（图一四）

①层：耕土层。厚0.17～0.26米。

②层：黑褐色土，较黏硬。厚0.16～0.25米。含烧土粒、炭粒、陶片、陶瓦残片、青花瓷片等。

③层：黄褐色土，致密坚硬、黏性较大。厚0.4～0.49米。含陶片、陶瓦残片、青花瓷片、料姜石等。

③层以下为生土。

其中②、③层为明清时期堆积。

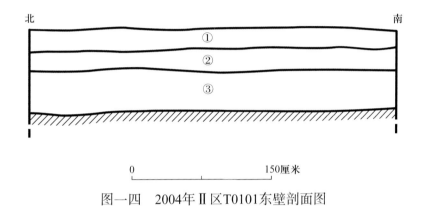

图一四　2004年Ⅱ区T0101东壁剖面图

3. Ⅲ区地层堆积

Ⅲ区地层堆积层数相同，厚度相近。举例说明如下：

2004年Ⅲ区T0104西壁剖面（图一五）

①层：耕土层。厚0.1～0.2米。

②层：黄褐色土，松软。厚0.1～0.3米。含炭粒、烧土粒、草木灰、螺壳、青花瓷片、釉陶片。G1开口于此层下。

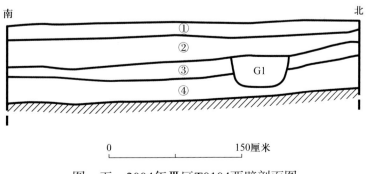

图一五　2004年Ⅲ区T0104西壁剖面图

③层：浅灰褐色土，较疏松。厚0.1~0.2米。含炭粒、烧土粒、陶片、青花瓷片、釉陶片。

④层：深灰褐色土，致密坚硬、黏性大。厚0.25~0.35米。含炭粒。

④层以下为生土。

其中②~④层为明清时期堆积。

二、文 化 分 期

根据地层堆积、包含物及层位关系，麻柳嘴遗址包括商周、唐、宋元、明清四个时期遗存。

商周时期遗存仅发现于2002年Ⅱ区，以T13④~⑥层为代表。

唐代遗存发现于2002年Ⅰ区和2004年Ⅰ区，以2002年ⅠT105⑥层、ⅠT207⑨层、ⅠT308⑦~⑩层、ⅠT309⑦层、ⅠT309⑨层、ⅠT314⑨层、ⅠT410⑩层、ⅠT412⑧层、ⅠT413⑨~⑪层、ⅠT508⑨层、ⅠT509⑦层、ⅠT512⑧层、ⅠT513⑦层、ⅠM1和2004年ⅠT0105⑧层、ⅠT0106⑥层、ⅠT0106⑧层、ⅠT0107⑦~⑨层、ⅠT0108⑧层、ⅠT0109⑥层、ⅠT0206⑧层、ⅠT0207⑦层、ⅠT0207⑧层、ⅠT0208⑥层、ⅠT0307⑧层、ⅠH1为代表。

宋元时期遗存仅发现于2002年Ⅰ区，以T105④和⑤层、T308④~⑥层、T413④~⑧层为代表。

明清时期遗存2002年和2004年Ⅰ、Ⅱ、Ⅲ区均有发现，以2002年ⅠT105②层、ⅠT105③层、ⅠT305③层、ⅠT306②层、ⅠT308②层、ⅠT308③层、ⅠT413②层、ⅠT413③层、ⅡT13②层、ⅡT13③层、ⅡT19②层、ⅡT19③层、ⅠG1~G4、ⅠH1、ⅠH2、ⅡH1和2004年ⅠT0101②层、ⅠT0101③层、ⅠT0102②层、ⅠT0102④层、ⅠT0102⑤层、ⅠT0103②层、ⅠT0105③层、ⅠT0103②层、ⅠT0104③层、ⅠT0104④层、ⅠT0105③层、ⅠT0106③层、ⅠT0107②~⑥层、ⅠT0201②层、ⅠT0201③层、ⅠT0202②层、ⅠT0203②层、ⅠT0203④层、ⅠT0203⑤层、ⅠT0205③层、ⅠT0205④层、ⅠT0206④层、ⅠT0207③层、ⅠT0208③层、ⅠT0306③层、ⅡT0101②层、ⅡT0101③层、ⅡT0204②层、ⅡT0206②层、ⅡT0304②层、ⅡT0305②层、ⅡT0306②层、ⅢT0104②~④层、ⅠH2、ⅠG1~G8、ⅢG1为代表。

第四章　唐代遗存

唐代遗存均发现于麻柳嘴遗址Ⅰ区，文化层堆积较厚，遗迹、遗物较少。

一、遗　　迹

包括墓葬1座（2002CFMⅠM1）、灰坑1个（2004CFMⅠH1）。

2002CFMⅠM1　位于2002年Ⅰ区中南部的T409内，开口于⑨层下，打破⑩层。方向315°。为一长方形土坑竖穴墓，长1、宽0.65、深0.46米。以石、砖砌棺，其中棺底、顶、帮为石板，前后堵头为汉代菱形纹砖。棺长0.7、宽0.31、高0.26米。棺内仅见部分头骨残片，性别、年龄、葬式不详。遗物置于棺内，包括瓷碗、铜铃各1件（图一六；图版一六）。

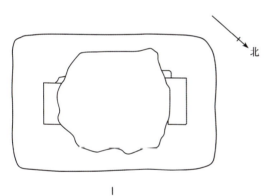

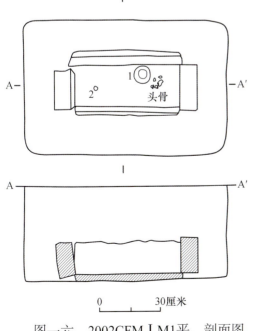

0   30厘米

图一六　2002CFMⅠM1平、剖面图
1.瓷碗　2.铜铃

图版一六　2002CFMⅠM1（上为西北）

2004CFMⅠH1　位于2004年Ⅰ区西侧的T0106内，西侧延伸到发掘区外未发掘，开口于⑥层下，打破⑦层、⑧层。已发掘部分平面形状不规则，斜壁，底凹凸不平。填土为灰黑色，较松软，含炭粒、红烧土粒、陶片、釉陶片等。已发掘部分口部长0.73、宽0.65米，坑深0.73米（图一七；图版一七）。

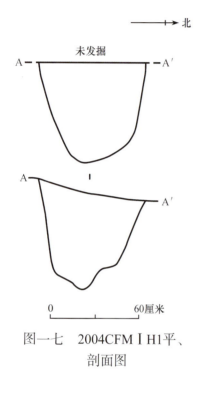

图一七　2004CFMⅠH1平、剖面图

图版一七　2004CFMⅠH1（上为东）

二、遗　物

以瓷器为主，另有部分陶器、釉陶器、铜器、铁器和石器。

1. 瓷器

18件。以青釉系列为大宗，偶见黄褐釉。可辨器类有碗、罐、盘、盆等，碗占绝大多数。

碗　15件，其中10件可复原。

2002CFMⅠT413⑪：2，微侈口，尖圆唇，曲腹，假圈足，外底微内凹。灰褐色胎，胎体较厚。胎外施灰白色化妆土。青绿釉，内壁满施，外壁不及底。口径8.7、底径4.6、高4.2厘米（图一八；图版一八）。

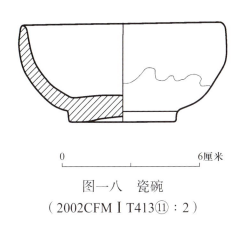

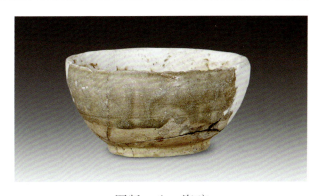

图一八　瓷碗
（2002CFM Ⅰ T413⑪：2）

图版一八　瓷碗
（2002CFM Ⅰ T413⑪：2）

2002CFM Ⅰ M1：1，微敛口，尖圆唇，上腹微斜曲，下腹近底处曲收，厚底，假圈足。灰白色胎，胎质细腻。青绿釉，内壁满釉，外壁施釉不到底，釉脱落开片较为严重。口径8.6、底径4.4、高4.5厘米（图一九；图版一九）。

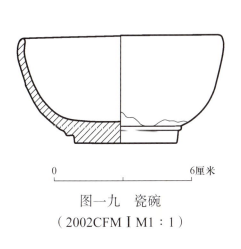

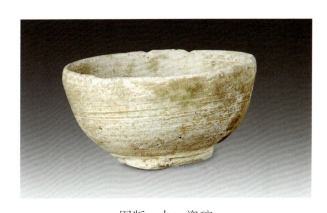

图一九　瓷碗
（2002CFM Ⅰ M1：1）

图版一九　瓷碗
（2002CFM Ⅰ M1：1）

2002CFM Ⅰ T105⑥：1，直口，圆唇，曲腹，假圈足，底略内凹。灰白色胎，胎质较细腻。青釉，多已脱落。口径9、底径4.2、高4.4厘米（图二〇；图版二〇）。

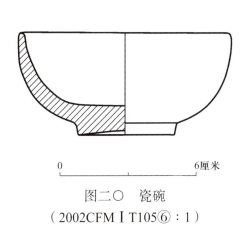

图二〇　瓷碗
（2002CFM Ⅰ T105⑥：1）

图版二〇　瓷碗
（2002CFM Ⅰ T105⑥：1）

2002CFMⅠT105⑥：2，直口，尖唇，上腹近直，下腹近底处曲收，假圈足，底略内收，残见6个支钉痕迹。灰褐色胎，胎体较薄。胎外施灰白色化妆土，腹部饰刻划仰莲纹，线条清晰，勾画细致。青绿釉，已脱落殆尽。口径14、底径8.8、高7.8厘米（图二一；图版二一）。

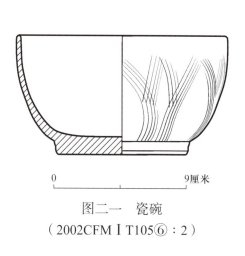

图二一　瓷碗
（2002CFMⅠT105⑥：2）

图版二一　瓷碗
（2002CFMⅠT105⑥：2）

2002CFMⅠT105⑥：4，直口，尖圆唇，曲腹，假圈足，外底略内凹。浅红褐色胎，胎体较厚。通体施灰白色化妆土。青绿色釉，多脱落。口径7.9、底径4.4、高4.1厘米（图二二；图版二二）。

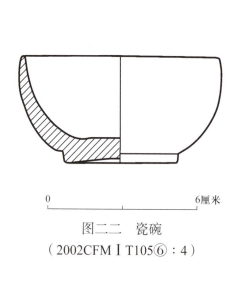

图二二　瓷碗
（2002CFMⅠT105⑥：4）

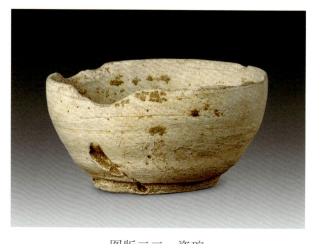

图版二二　瓷碗
（2002CFMⅠT105⑥：4）

2002CFMⅠT105⑥：5，微敛口，圆唇，上腹近直，下腹近底处曲收，假圈足，外底略内凹，内底外围见9个支钉痕。灰白色胎。青绿釉，内壁满釉，外壁釉不及底，釉脱落严重。口径14、底径9.2、高7.6厘米（图二三；图版二三）。

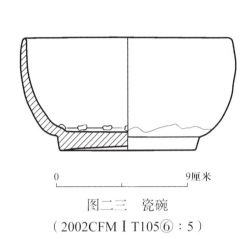

图二三　瓷碗
（2002CFMⅠT105⑥：5）

图版二三　瓷碗
（2002CFMⅠT105⑥：5）

　　2002CFMⅠT105⑥：6，微侈口，尖圆唇，曲腹，假圈足，外底略内凹。灰白胎，胎质较细腻。上腹部有一周凹弦纹，外壁近底部有较密集的凹弦纹，内壁底部有一周浅凹槽。青釉，内壁满釉，外壁釉不及底，内外壁可见开片。口径8、底径4.6、高5.1厘米（图二四；图版二四）。

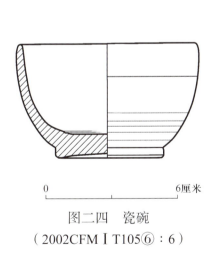

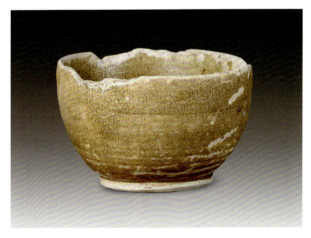

图二四　瓷碗
（2002CFMⅠT105⑥：6）

图版二四　瓷碗
（2002CFMⅠT105⑥：6）

　　2002CFMⅠT105⑥：8，微侈口，圆唇，曲腹，假圈足，外底略内凹。灰白色胎，胎质较粗糙。青绿釉，内壁满釉，外壁釉不及底，釉脱落严重。口径8.6、底径4.7、高4.6厘米（图二五；图版二五）。

　　2002CFMⅠT413⑪：1，尖圆唇，斜曲腹，大平底微内凹，唇下有一周凹槽。浅红褐色胎，胎体较厚。胎外施灰白色化妆土。青绿釉，内壁满施，外壁不及底，釉开片脱落严重。口径20.1、底径13.1、高6.6厘米（图二六；图版二六）。

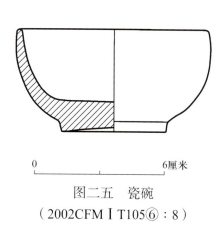

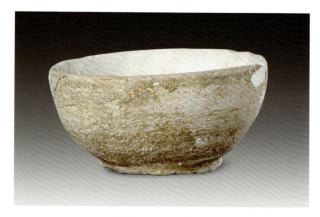

图二五　瓷碗
（2002CFMⅠT105⑥：8）

图版二五　瓷碗
（2002CFMⅠT105⑥：8）

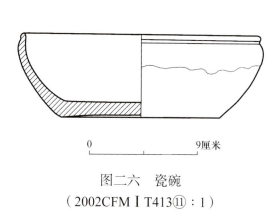

图二六　瓷碗
（2002CFMⅠT413⑪：1）

图版二六　瓷碗
（2002CFMⅠT413⑪：1）

2002CFMⅠT105⑥：3，圆唇，浅腹微曲，假圈足，底部见多个支钉痕。浅红褐色胎，胎质较细腻。青釉，内壁满釉，外壁施釉不到底，釉脱落开片严重。口径18.5、底径11.1、高6.6厘米（图二七；图版二七）。

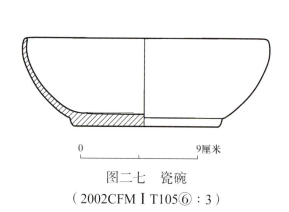

图二七　瓷碗
（2002CFMⅠT105⑥：3）

图版二七　瓷碗
（2002CFMⅠT105⑥：3）

2004CFMⅠT0206⑧：2，底部残缺。微敛口，厚圆唇，上腹近直，下腹内收。灰褐色胎。胎外施白色化妆土。青灰釉，内、外壁均施釉，外壁釉不及底，釉多脱落。残高4.5厘米（图二八；图版二八）。

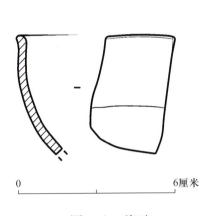

图二八 瓷碗
（2004CFMⅠT0206⑧：2）

图版二八 瓷碗
（2004CFMⅠT0206⑧：2）

2004CFMⅠT0206⑧：3，底部残缺。侈口，尖圆唇，折腹。灰黄色胎，胎质较细腻。胎外施黄白色化妆土。青灰釉，内、外壁均施釉，釉大多脱落。残高4.3厘米（图二九；图版二九）。

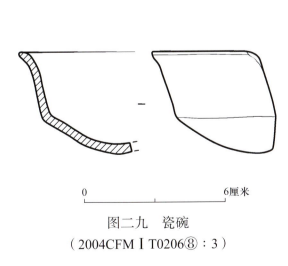

图二九 瓷碗
（2004CFMⅠT0206⑧：3）

图版二九 瓷碗
（2004CFMⅠT0206⑧：3）

2004CFMⅠT0107⑧：2，底部残缺。敞口，尖圆唇，曲腹。灰白胎，胎质较细腻。近口部饰一周浅凹槽。青釉，釉大多脱落。残高4.9厘米（图三〇；图版三〇）。

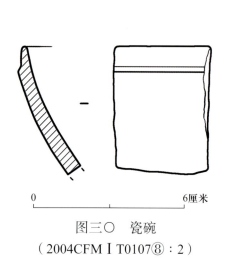

图三〇　瓷碗
（2004CFMⅠT0107⑧：2）

图版三〇　瓷碗
（2004CFMⅠT0107⑧：2）

2004CFMⅠT0106⑧：2，底部残缺。敛口，厚圆唇，唇外沿下附加一圈凸棱，斜曲腹。灰白胎，胎质较粗糙。青黄釉，内、外壁均施釉，釉多脱落。口径22.4、残高9.2厘米（图三一；图版三一）。

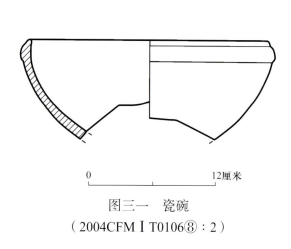

图三一　瓷碗
（2004CFMⅠT0106⑧：2）

图版三一　瓷碗
（2004CFMⅠT0106⑧：2）

2004CFMⅠT0106⑧：3，口部残缺。下腹斜直近底部折曲，假圈足，外底略内凹。灰白色胎，胎质较粗糙。青黄釉，内、外施釉，釉局部脱落。底径7.9、残高4.5厘米（图三二；图版三二）。

罐　1件。2004CFMⅠT0106⑧：1，敛口，圆唇，溜肩，曲腹，底部残缺。灰黄色胎，胎质较细腻。青灰釉，多脱落。残高4.2厘米（图三三；图版三三）。

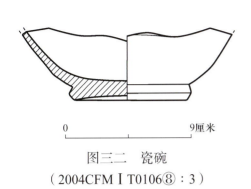

图三二　瓷碗
（2004CFMⅠT0106⑧：3）

图版三二　瓷碗
（2004CFMⅠT0106⑧：3）

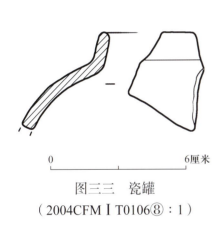

图三三　瓷罐
（2004CFMⅠT0106⑧：1）

图版三三　瓷罐
（2004CFMⅠT0106⑧：1）

　　盘　1件。2002CFMⅠT410⑩：1，侈口，圆唇，斜直腹，平底略内凹。灰白色胎，胎质较细腻。外底边缘、内底中部各饰一周凹槽。青绿釉，内壁满釉，外壁釉不及底，釉脱落明显，可见开片。口径13.4、底径12.2、高2.3厘米（图三四；图版三四）。

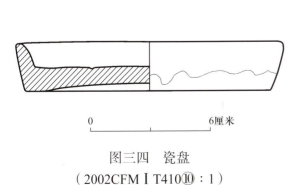

图三四　瓷盘
（2002CFMⅠT410⑩：1）

图版三四　瓷盘
（2002CFMⅠT410⑩：1）

盆　1件。2004CFMⅠT0107⑧：1，侈口，斜方唇，折腹，底部残缺。红褐色胎，胎体较厚。下腹饰凸棱。黄褐釉，釉大多脱落。口径17.7、残高5.7厘米（图三五；图版三五）。

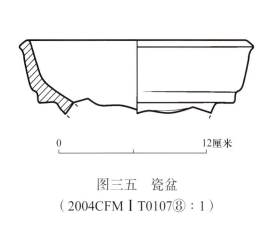

0　　　　　　　　　　　12厘米

图三五　瓷盆
（2004CFMⅠT0107⑧：1）

图版三五　瓷盆
（2004CFMⅠT0107⑧：1）

2. 陶器

7件。器类有碗、钵、四系罐、网坠和筒瓦。

碗　1件。2004CFMⅠH1：1，泥质红褐陶。敞口，圆唇，斜弧腹，平底。腹部饰数周凸棱。口径16.7、底径6.6、高5.8厘米（图三六；图版三六）。

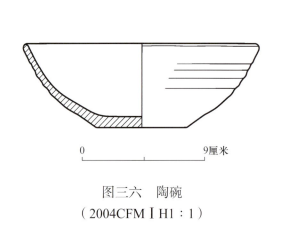

0　　　　　　　　9厘米

图三六　陶碗
（2004CFMⅠH1：1）

图版三六　陶碗
（2004CFMⅠH1：1）

钵　1件。2004CFMⅠT0207⑧：1，泥质灰陶。侈口，圆唇，斜弧腹，平底。底部见螺旋纹。口径9.8、底径3.9、高2.5厘米（图三七；图版三七）。

四系罐　1件。2004CFMⅠT0109⑥：1，泥质灰褐陶。直口，圆唇，高领，溜肩，微鼓腹近底部弧收，平底，肩部有4个纵向条形系耳，系耳表面有手捏痕迹。口径9.4、腹径12.6、底径7.2、高16.5厘米（图三八；图版三八）。

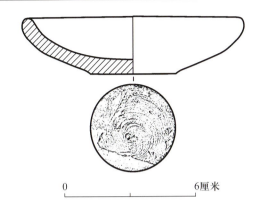

图三七　陶钵
（2004CFMⅠT0207⑧：1）

图版三七　陶钵
（2004CFMⅠT0207⑧：1）

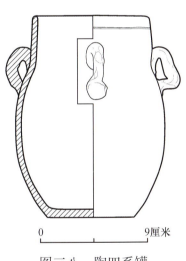

图三八　陶四系罐
（2004CFMⅠT0109⑥：1）

图版三八　陶四系罐
（2004CFMⅠT0109⑥：1）

网坠　3件。均为泥质红褐陶。整体呈橄榄形，中部有一圆形穿孔。

2002CFMⅠT309⑦：2，一端平齐，一端斜直，通体较粗糙，局部有纵向划痕。长5.9、最大径3.3、孔径1.1厘米（图三九；图版三九）。

2002CFMⅠT412⑧：1，两端平齐，局部较粗糙。长6、最大径3.8、孔径1.5厘米（图四○；图版四○）。

2004CFMⅠT0307⑧：1，一端平齐，一端斜直，器表有疤痕。长4.7、最大径2.2、孔径0.8厘米（图四一；图版四一）。

筒瓦　1件。2004CFMⅠT0106⑥：1，泥质灰陶。残存部分瓦舌端。瓦背、瓦内均素面。残长5.9厘米（图四二；图版四二）。

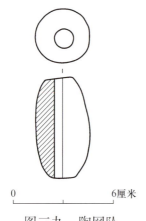

0　　　　　6厘米

图三九　陶网坠
（2002CFMⅠT309⑦：2）

图版三九　陶网坠
（2002CFMⅠT309⑦：2）

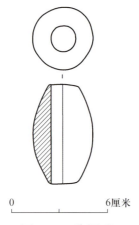

0　　　　　6厘米

图四〇　陶网坠
（2002CFMⅠT412⑧：1）

图版四〇　陶网坠
（2002CFMⅠT412⑧：1）

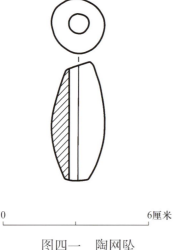

0　　　　　6厘米

图四一　陶网坠
（2004CFMⅠT0307⑧：1）

图版四一　陶网坠
（2004CFMⅠT0307⑧：1）

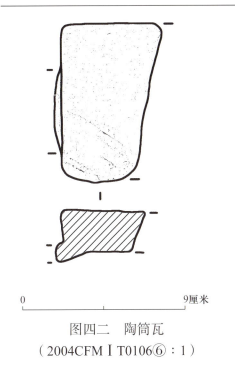

图四二 陶筒瓦
（2004CFMⅠT0106⑥：1）

图版四二 陶筒瓦
（2004CFMⅠT0106⑥：1）

3. 釉陶器

8件。器类有碗、盘、盆、坛、四系罐等。

碗 4件，其中2件可复原。

2002CFMⅠT513⑦：2，夹细砂红褐陶。敞口，斜弧腹，圆唇，假圈足。内壁及外壁近口部施一层黄白色化妆土。釉脱落，釉色不明。口径16.7、底径6.4、高5.4厘米（图四三；图版四三）。

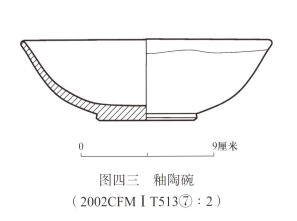

图四三 釉陶碗
（2002CFMⅠT513⑦：2）

图版四三 釉陶碗
（2002CFMⅠT513⑦：2）

2004CFMⅠT0105⑧：2，泥质灰白陶。底部残缺。敞口，斜弧腹，尖圆唇。釉脱落，釉色不明。腹部饰篦划纹。残高4厘米（图四四；图版四四）。

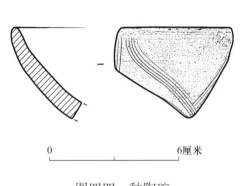
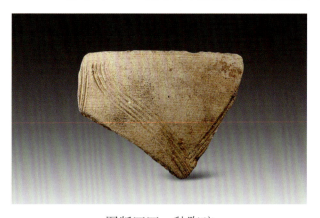

图四四　釉陶碗
（2004CFMⅠT0105⑧：2）

图版四四　釉陶碗
（2004CFMⅠT0105⑧：2）

2004CFMⅠT0105⑧：1，泥质红陶。侈口，折腹，圆唇，假圈足，外底略内凹。灰白釉，内壁满釉，外壁釉不及底。口径11.8、底径4.8、高4.5厘米（图四五；图版四五）。

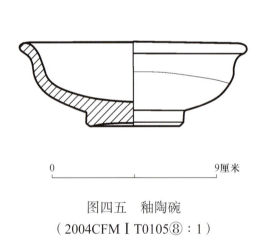

图四五　釉陶碗
（2004CFMⅠT0105⑧：1）

图版四五　釉陶碗
（2004CFMⅠT0105⑧：1）

2004CFMⅠT0107⑧：3，泥质红褐陶。底部残缺。口近直，圆唇，折腹。内、外均施黄褐釉，釉不及底。残高4.3厘米（图四六；图版四六）。

盘　1件。2002CFMⅠT314⑨：1，夹细砂红褐陶。敞口，圆唇，斜直腹，假圈足，外底略内凹。施黄白色化妆土，外壁有流痕。内壁施青釉，釉多脱落。口径8.6、底径3.9、高2.6厘米（图四七；图版四七）。

盆　1件。2004CFMⅠT0207⑦：1，泥质红褐陶。敛口，圆唇，斜折沿，斜弧腹，腹以下残缺。沿面有一周浅凹槽。外壁施黄褐釉，釉多脱落。口径18、残高5.4厘米（图四八；图版四八）。

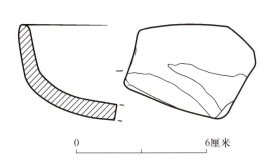

图四六　釉陶碗
（2004CFMⅠT0107⑧：3）

图版四六　釉陶碗
（2004CFMⅠT0107⑧：3）

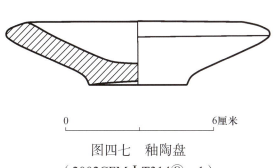

图四七　釉陶盘
（2002CFMⅠT314⑨：1）

图版四七　釉陶盘
（2002CFMⅠT314⑨：1）

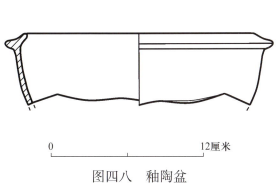

图四八　釉陶盆
（2004CFMⅠT0207⑦：1）

图版四八　釉陶盆
（2004CFMⅠT0207⑦：1）

　　坛　1件。2004CFMⅠT0206⑧：1，泥质红陶。敛口，尖圆唇，重沿，外沿斜向上翘低于内沿，口部以下残缺。施黄褐釉，釉大多脱落。口径13.8、残高4.2厘米（图四九；图版四九）。

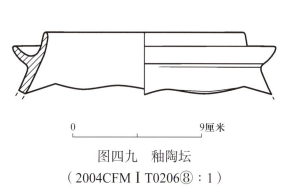

图四九　釉陶坛
（2004CFMⅠT0206⑧：1）

图版四九　釉陶坛
（2004CFMⅠT0206⑧：1）

　　四系罐　1件。2002CFMⅠT513⑦：1，夹砂红褐陶。口部残缺，细长颈，溜肩，鼓腹，腹最大径偏上，下腹斜收，平底。颈上部有一周凸棱，肩部贴附4个桥形系。肩部以上施白色化妆土，其上，施青绿釉，釉脱落殆尽。腹径18.7、底径9.2、残高34.8厘米（图五〇；图版五〇）。

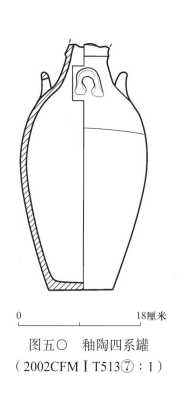

图五〇　釉陶四系罐
（2002CFMⅠT513⑦：1）

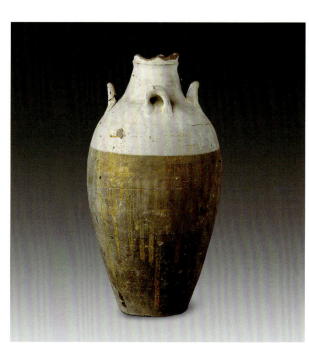

图版五〇　釉陶四系罐
（2002CFMⅠT513⑦：1）

4. 铜器

7件。器类有铃、簪和铜钱。

铃 1件。2002CFMⅠM1：2，扁圆形，纽部残缺，锈蚀严重。体中空，器身中部饰两周凸棱，底有一窄长条形镂孔。器表鎏金，局部脱落。直径1.9、高1.6厘米（图五一）。

簪 1件。2004CFMⅠT0307⑧：2，长条形，锈蚀严重。体略弯曲，一端扁平。长9.7厘米（图五二；图版五一）。

铜钱 5枚。包括五铢和开元通宝两类。

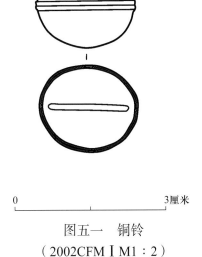

图五一 铜铃
（2002CFMⅠM1：2）

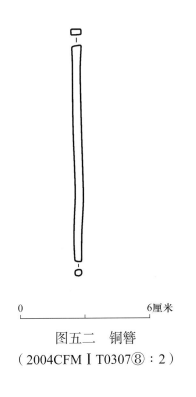

图五二 铜簪
（2004CFMⅠT0307⑧：2）

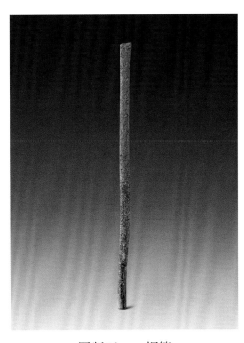

图版五一 铜簪
（2004CFMⅠT0307⑧：2）

五铢 2枚。均为剪轮钱，边缘无郭，方穿，锈蚀严重。

2002CFMⅠT105⑥：7，部分残缺。隐约可辨有一"五"字，"五"字交笔较曲。钱径1.8、穿径1.1厘米（图五三；图版五二）。

2002CFMⅠT309⑦：1，可辨有"五铢"两字，"五"字交笔缓曲。钱径2.4、穿径1厘米（图五四；图版五三）。

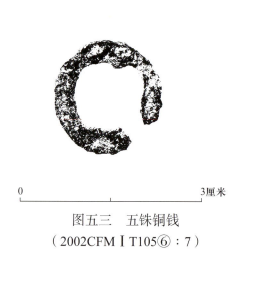

图五三　五铢铜钱
（2002CFMⅠT105⑥：7）

图版五二　五铢铜钱
（2002CFMⅠT105⑥：7）

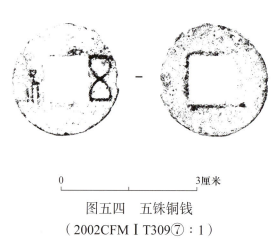

图五四　五铢铜钱
（2002CFMⅠT309⑦：1）

图版五三　五铢铜钱
（2002CFMⅠT309⑦：1）

开元通宝　3枚。均方穿，内、外有郭。

2002CFMⅠT207⑨：1，保存较好，钱文清晰。"元"字第二笔左端上挑，背面有新月形纹。钱径2.4、穿径0.7厘米（图五五；图版五四）。

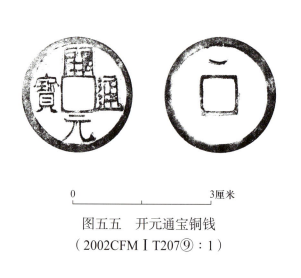

图五五　开元通宝铜钱
（2002CFMⅠT207⑨：1）

图版五四　开元通宝铜钱
（2002CFMⅠT207⑨：1）

2004CFMⅠT0208⑥：1，局部锈蚀，钱文较清晰。钱径2.4、穿径0.7厘米（图五六；图版五五）。

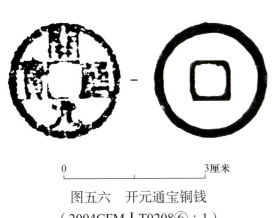

图五六 开元通宝铜钱
（2004CFMⅠT0208⑥：1）

图版五五 开元通宝铜钱
（2004CFMⅠT0208⑥：1）

2002CFMⅠT512⑧：1，锈蚀严重，钱文漫漶不清。钱径3.4、穿径0.9厘米（图五七；图版五六）。

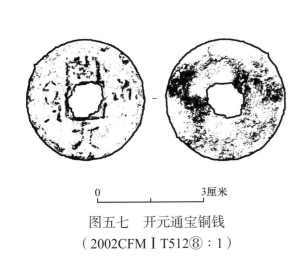

图五七 开元通宝铜钱
（2002CFMⅠT512⑧：1）

图版五六 开元通宝铜钱
（2002CFMⅠT512⑧：1）

5. 铁器

1件。2004CFMⅠT0108⑧：1，条形。锈蚀严重。一端略宽，体扁平。残长14.3厘米（图五八；图版五七）。

6. 石器

3件。器类有斧和双刃器。

斧 2件。

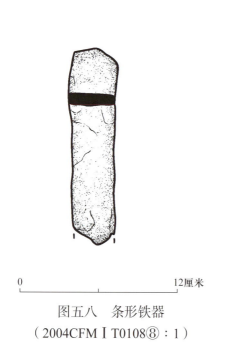

图五八　条形铁器
（2004CFMⅠT0108⑧：1）

图版五七　条形铁器
（2004CFMⅠT0108⑧：1）

2002CFMⅠT508⑨：1，硅质灰岩。整体近长方形。弧顶、弧刃，双面刃，侧边平齐。通体磨光。刃部有使用疤痕。长8、宽4、厚2.4厘米（图五九；图版五八）。

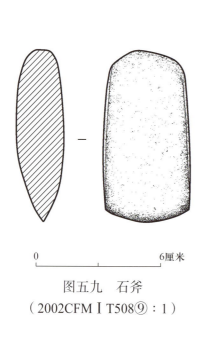

图五九　石斧
（2002CFMⅠT508⑨：1）

图版五八　石斧
（2002CFMⅠT508⑨：1）

2002CFMⅠT509⑦：1，灰质岩。整体近梯形。平顶，单面刃，刃部微弧，较锋利。通体磨光。出刃面有一打击疤痕，刃部有使用痕迹。长8.6、宽4.5、厚2.4厘米（图六〇；图版五九）。

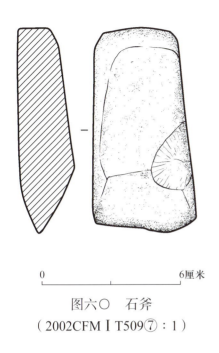

0　　　　　　6厘米

图六〇　石斧
（2002CFMⅠT509⑦：1）

图版五九　石斧
（2002CFMⅠT509⑦：1）

双刃器　1件。2002CFMⅠT309⑨：1，灰岩。整体近扁舌形。两侧打击修理而成直刃。两面磨光。长5.5、宽4、厚1.7厘米（图六一；图版六〇）。

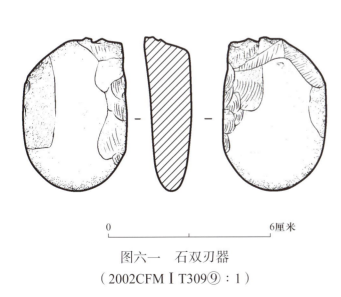

0　　　　　　6厘米

图六一　石双刃器
（2002CFMⅠT309⑨：1）

图版六〇　石双刃器
（2002CFMⅠT309⑨：1）

第五章　明清时期遗存

麻柳嘴遗址Ⅰ区、Ⅱ区、Ⅲ区均有明清时期文化层分布，遗迹和较完整遗物多发现于Ⅰ区。

一、遗　　迹

包括灰坑4个（2002CFMⅠH1、2002CFMⅠH2、2002CFMⅡH1、2004CFMⅠH2）、沟13条（2002CFMⅠG1～G4、2004CFMⅠG1～G8、2004 FMⅢG1），除2002CFMⅡH1位于Ⅱ区、2004CFMⅢG1位于Ⅲ区外，其他遗迹均较集中地分布在Ⅰ区。

1. 灰坑

4个。分布零散无规律，平面均不规则。

2002CFMⅠH1，位于2002年Ⅰ区南部的T103内，开口于②层下，打破③层。口大底小，斜壁，底不平。填土灰色，较松软，含青花瓷片、陶片、铁刀等遗物。口部长2.76、宽1.54米，坑深0.55～0.6米（图六二）。

2002CFMⅠH2，位于2002年Ⅰ区南部的T204内，开口于③层下，打破④层。口大底小，斜直壁，平底。填土灰色，较松软，含青花瓷片、陶片、砖块等遗物。口部长3.3、宽1.5米，坑深1.2米（图六三）。

2002CFMⅡH1，位于2002年Ⅱ区中

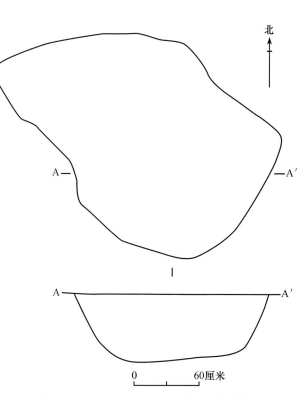

图六二　2002CFMⅠH1平、剖面图

东部，跨T6、T7、T16、T17，开口于②层下，打破生土。口大底小，斜壁，底近平。填土灰褐色，松软，含烧土、炭粒、石块、青花瓷片、瓦片等。口部长4.37、宽3.23米，坑深0.35~0.4米（图六四）。

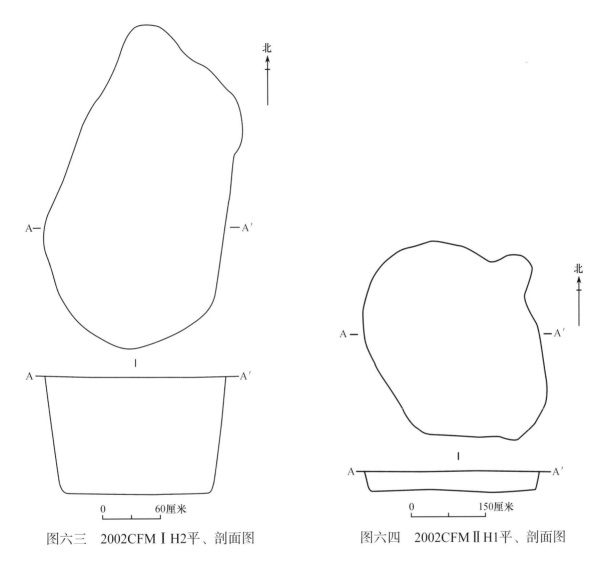

图六三　2002CFMⅠH2平、剖面图　　　　　图六四　2002CFMⅡH1平、剖面图

2004CFMⅠH2，位于2004年Ⅰ区中部的T0210内，开口于③层下，打破④~⑥层。直壁，平底。填土灰褐色，松软，含烧土、炭、青花瓷片、瓦片等。口部长1.9、宽1.8米，坑深1米（图六五；图版六一）。

2. 沟

13条。除2004CFMⅢG1外，其余12条沟相对集中分布于2002年Ⅰ区南部和2004年Ⅰ区南部两个区域内，少数沟有平行并列分布现象。13条沟长度、方向、体量各异，沟长在3.9~14.6米，大多宽度、深度不超过0.5米。多数沟为直壁、平底、规整的窄长条形浅沟（图版六二）。

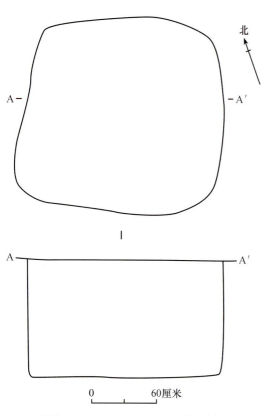

图六五　2004CFMⅠH2平、剖面图　　　　　图版六一　2004CFMⅠH2（上为东）

图版六二　2002CFMⅠT307内沟（上为G1、左为G2、右为G3；上为东北）

2002CFM I G1，位于2002年 I 区南部，跨T306、T307、T308，开口于③层下，打破④~⑥层。近南北向。平面窄长条形，直壁，平底。填土黄褐色，较松软，含陶片、瓷片、石器等遗物。长6.55、宽0.47、深0.22米（图六六）。

2002CFM I G2，位于2002年 I 区南部，跨T206、T207、T307、T308，开口于③层下，打破④~⑥层。东北—西南向。平面窄长条形，直壁，平底。填土黄褐色，松软。长6.44、宽0.29~0.37、深0.18米（图六七）。

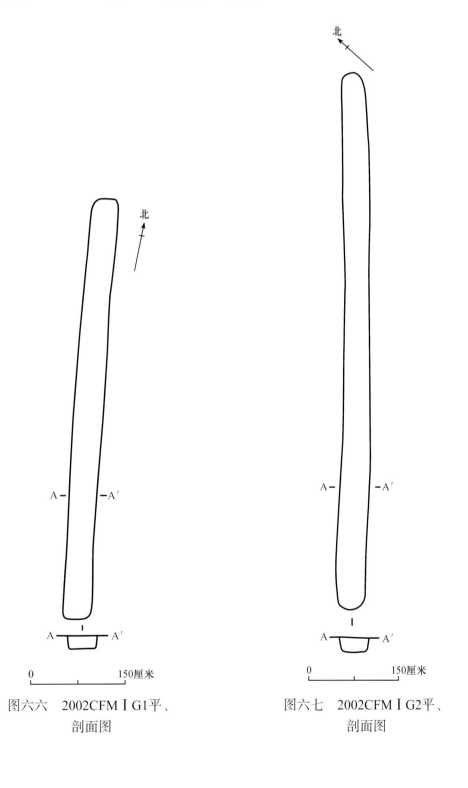

图六六　2002CFM I G1平、　　　　　图六七　2002CFM I G2平、
　　　剖面图　　　　　　　　　　　　　　　剖面图

　　2002CFMⅠG3，位于2002年Ⅰ区南部，跨T206、T306、T307，开口于③层下，打破④～⑥层。东北—西南向。平面窄长条形，直壁，平底。填土黄褐色，松软。长9.4、宽0.29～0.49、深0.26米（图六八）。

　　2002CFMⅠG4，位于2002年Ⅰ区南部，跨T103、T203，西北部延伸到发掘区外，开口于②层下，打破③～⑤层。西北—东南向。平面窄长条形，直壁，平底。填土灰褐色，松软，含红烧土粒。已发掘部分长6.54、宽0.5～0.67、深0.5米（图六九）。

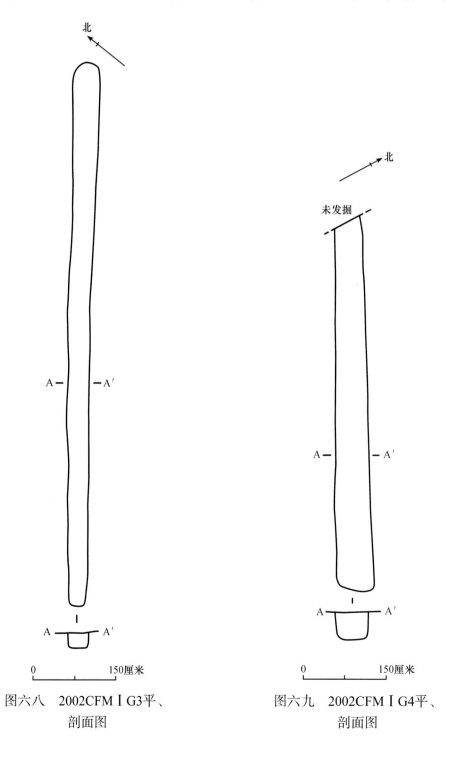

图六八　2002CFMⅠG3平、
剖面图　　　　　　　　　　图六九　2002CFMⅠG4平、
剖面图

　　2004CFMⅠG1，位于2004年Ⅰ区南端，跨T0101、T0201，东部延伸到发掘区外，开口于②层下，打破③、⑤层。近东西向。平面窄长弧形，斜壁，底近平。填土灰褐色，致密，含炭粒、青花瓷片、釉陶片。已发掘部分长5.65、宽0.44～0.67、深0.3～0.32米（图七〇；图版六三）。

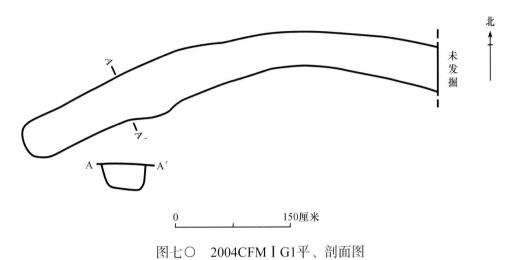

图七〇　2004CFMⅠG1平、剖面图

图版六三　2004CFMⅠG1（上为西）

　　2004CFMⅠG2，位于2004年Ⅰ区南部，跨T0204、T0205、T0206、T0207，开口于③层下，打破④～⑦层。南北向。平面窄长条形，直壁，平底。填土灰褐色，含青花瓷片、石块。长12.45、宽0.37～0.47、深0.33～0.35米（图七一）。

　　2004CFMⅠG3，位于2004年Ⅰ区南部T0104内，东南部延伸到隔梁内未发掘，开口于⑤层下，打破⑥层。西北—东南向。平面窄长条形，斜壁，弧底。填土灰褐色，致密，含炭粒、烧土粒、青花瓷片、釉陶片、瓦片。已发掘部分长2.29、宽0.65、深0.45米（图七二）。

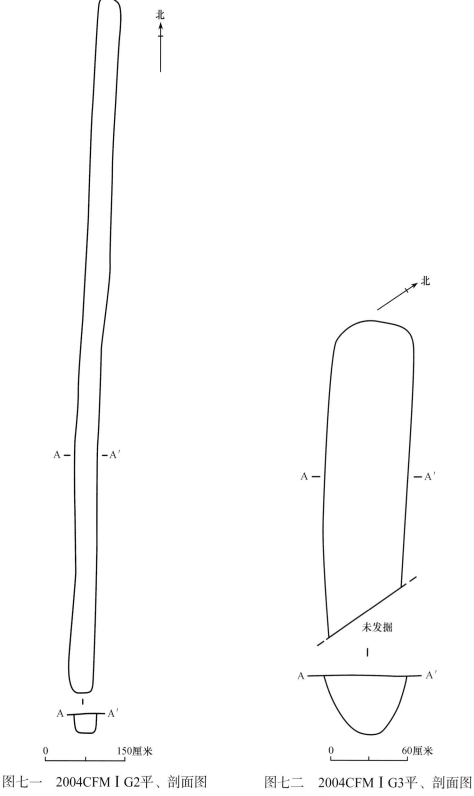

图七一　2004CFMⅠG2平、剖面图　　　　图七二　2004CFMⅠG3平、剖面图

2004CFMⅠG4，位于2004年Ⅰ区南部T0104内，北部延伸到隔梁内未发掘，开口于③层下，打破G5、⑥层。近南北向。平面窄长条形，斜壁，平底。填土灰褐色，含炭粒。已发掘部分长1.26、宽0.24、深0.14～0.17米（图七三）。

2004CFMⅠG5，位于2004年Ⅰ区南部T0104内，西部延伸到发掘区外，开口于③层下，打破⑥层。近东西向。已发掘部分平面长条形，斜壁，平底。填土灰褐色，松软，含炭粒、青花瓷片、陶片。已发掘部分长1.11、宽0.64～0.81、深0.26米（图七四）。

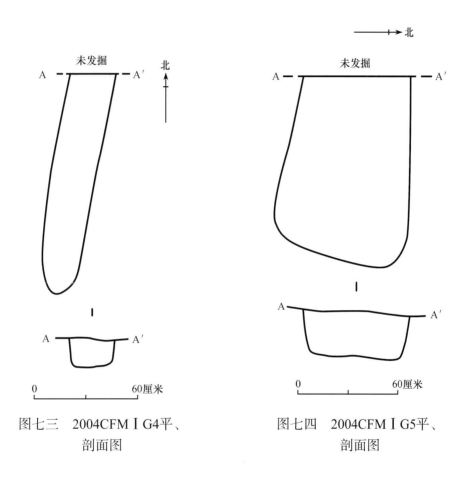

图七三　2004CFMⅠG4平、剖面图　　　　图七四　2004CFMⅠG5平、剖面图

2004CFMⅠG6，位于2004年Ⅰ区南部，跨T0102、T0202、T0203，东部延伸到发掘区外，开口于⑤层下，打破⑥～⑨层。近东西向。已发掘部分平面长条形，斜壁，平底。填土灰褐色，含炭粒、烧土粒、青花瓷片、青瓷片、陶片。已发掘部分长4.5、宽2.44～3.33、深0.35～0.51米（图七五）。

2004CFMⅠG7，位于2004年Ⅰ区南部，跨T0104、T0105、T0106、T0107，开口于③层下，打破④～⑥层。近南北向。平面窄长条形，直壁，平底。填土灰褐色，松软，含炭粒、烧土粒、青花瓷片、釉陶片。长14.6、宽0.38～0.51、深0.47米（图七六）。

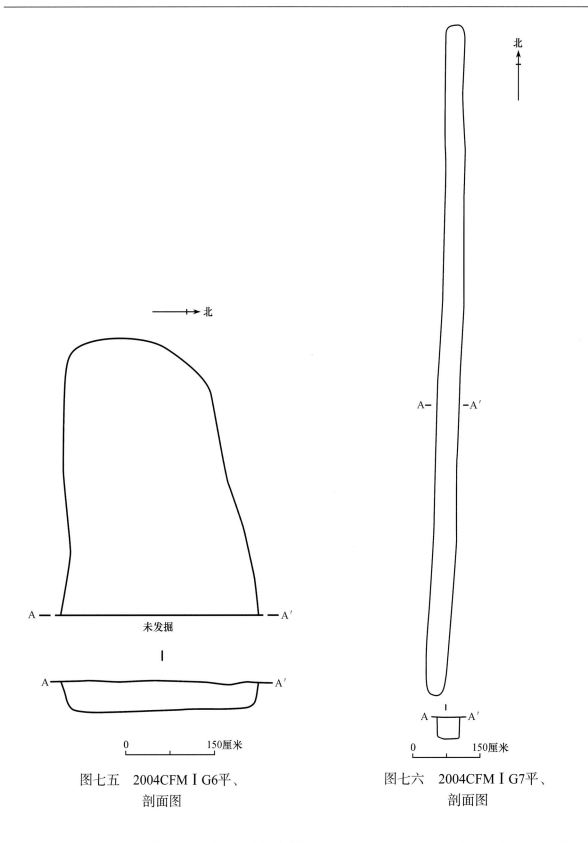

图七五　2004CFMⅠG6平、
剖面图

图七六　2004CFMⅠG7平、
剖面图

2004CFMⅠG8，位于2004年Ⅰ区中南部，跨T0106、T0107，开口于③层下，打破
④～⑥层。近南北向。平面窄长条形，直壁，平底。填土灰褐色，松软，含炭粒、石
块。长3.9、宽0.46、深0.45米（图七七）。

2004CFMⅢG1，位于2004年Ⅲ区中西部，跨T0103、T0104、T0105，东部延伸到隔梁内未发掘，开口于②层下，打破③、④层。近东西向。平面窄长条形，斜壁，平底。填土灰褐色，松软，含青花瓷片、瓦片、石块。已发掘部分长12.33、宽0.45~0.75、深0.35米（图七八）。

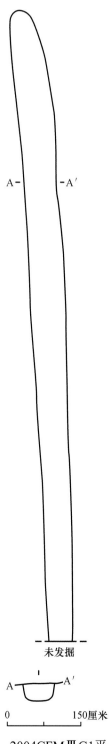

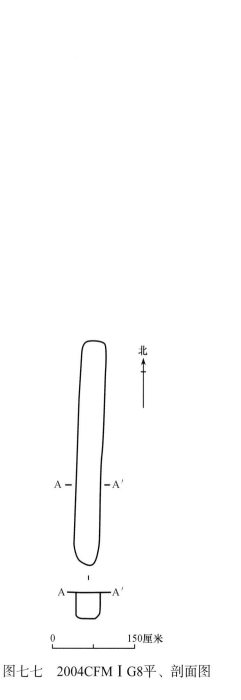

图七七　2004CFMⅠG8平、剖面图　　　图七八　2004CFMⅢG1平、剖面图

二、遗　物

以瓷器为主，另有陶器、釉陶器、铜器、铁器和石器。

1. 瓷器

29件。以青花瓷器为主，也有少量青釉、酱釉瓷器。器类有碗、盘、罐、盆、坛等，碗占绝大多数。

碗　23件，其中4件可复原。

2002CFMⅠH1∶2，敞口，圆唇，斜直腹，圈足，足墙竖直较厚。灰白色胎，胎质较细腻。除底部外通体施釉。釉下施青花，外壁为山水图案，上部为远山与斜阳，下部为一小舟泛于水上。口径6.6、底径3、高3.8厘米（图七九；图版六四）。

图七九　瓷碗
（2002CFMⅠH1∶2）

图版六四　瓷碗
（2002CFMⅠH1∶2）

2004CFMⅠT0201③∶2，敞口，圆唇，斜曲腹，圈足，足墙较厚，足内缘斜削，外底有鸡心突，内底有涩圈。灰胎。青绿釉，除底部外，内、外壁均施釉。口径14.5、底径5.8、高7.1厘米（图八〇；图版六五）。

2002CFMⅠT305③∶2，侈口，圆唇，斜直腹，圈足，足内缘斜削，足墙截面呈倒三角形。灰白色胎，胎质较粗糙。外壁施釉不及底，内底有涩圈，釉见明显开片。釉

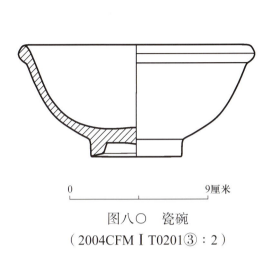

图八〇　瓷碗
（2004CFMⅠT0201③：2）

图版六五　瓷碗
（2004CFMⅠT0201③：2）

下施青花，外壁为写意枝叶纹，内壁腹上、下部各饰单圈，圈足上饰凹弦纹一周。口径12.6、底径6.3、高5.8厘米（图八一；图版六六）。

图八一　瓷碗
（2002CFMⅠT305③：2）

图版六六　瓷碗
（2002CFMⅠT305③：2）

2002CFMⅠH1：1，敞口，圆唇，斜直腹，圈足，足墙较厚，微内收。灰白色胎，胎质较细腻。釉色较光洁，足底及内侧无釉。釉下施青花，外壁饰写意图案，内底饰点状图案，外底中心似一"A"字，内壁上、下部各有双圈，外壁上部双圈、足部单圈。口径6.6、底径2.6、高4厘米（图八二；图版六七）。

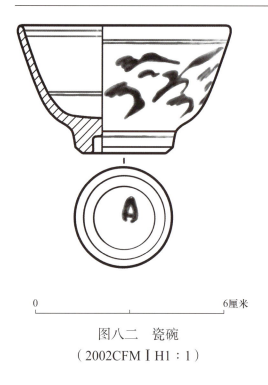

图八二　瓷碗
（2002CFMⅠH1：1）

图版六七　瓷碗
（2002CFMⅠH1：1）

2004CFMⅠT0103②：2，腹下部残缺。敞口，尖圆唇。灰白胎，胎质较细腻。釉见明显开片。釉下施青花，外壁为成组旋涡纹。残高4.4厘米（图八三；图版六八）。

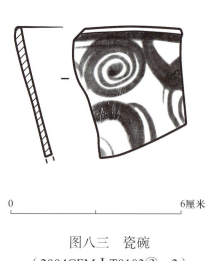

图八三　瓷碗
（2004CFMⅠT0103②：2）

图版六八　瓷碗
（2004CFMⅠT0103②：2）

2004CFMⅠT0105③：1，底部残缺。敞口，斜曲腹，圆唇。夹粗砂灰黄胎，胎质粗糙。釉均脱落，釉色不明。口径15.5、残高4.8厘米（图八四；图版六九）。

2004CFMⅠT0201②：2，底部残缺。敞口，斜曲腹，圆唇。夹粗砂灰色胎，胎质粗糙。青绿釉，内、外施釉，釉不及底。口径17.6、残高3.3厘米（图八五；图版七〇）。

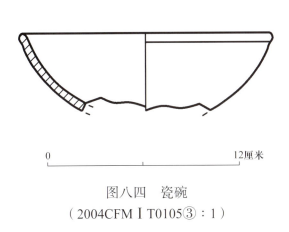

图八四　瓷碗
（2004CFMⅠT0105③∶1）

图版六九　瓷碗
（2004CFMⅠT0105③∶1）

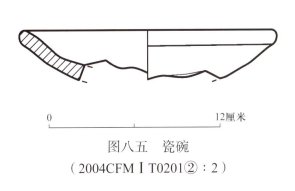

图八五　瓷碗
（2004CFMⅠT0201②∶2）

图版七〇　瓷碗
（2004CFMⅠT0201②∶2）

　　2004CFMⅠT0205④∶1，底部残缺。敛口，斜曲腹，圆唇，灰色胎。青绿釉，内、外施釉，釉不及底。残高4.8厘米（图八六；图版七一）。

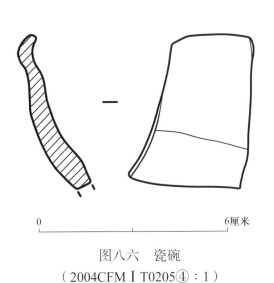

图八六　瓷碗
（2004CFMⅠT0205④∶1）

图版七一　瓷碗
（2004CFMⅠT0205④∶1）

2004CFMⅠT0306③：1，仅存口沿。侈口，方圆唇。灰白色胎，胎质较细腻。釉下施青花，纹饰漫漶不清。残高3.6厘米（图八七；图版七二）。

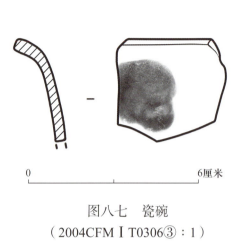

图八七　瓷碗
（2004CFMⅠT0306③：1）

图版七二　瓷碗
（2004CFMⅠT0306③：1）

2004CFMⅠT0103②：1，仅存底部。圈足，挖足过肩，足墙竖直较厚，足端内缘斜削。灰白胎，胎体厚重。底部无釉。釉下施青花，内底饰成组交叉短线纹，足外双圈。底径4.3、残高1.4厘米（图八八；图版七三）。

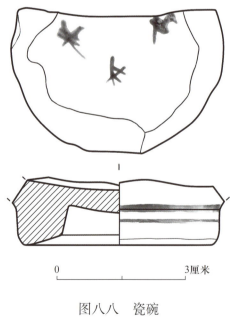

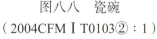

图八八　瓷碗
（2004CFMⅠT0103②：1）

图版七三　瓷碗
（2004CFMⅠT0103②：1）

2004CFMⅠT0104③：2，仅存底部。下腹近底部斜曲，圈足，足端外缘斜削，足墙内壁竖直。灰白色胎，胎质较细腻。底边、外底心无釉，釉层可见开片。釉下施青花，内底底心为缠绕纹，外加双圈。底径4.8、残高2厘米（图八九；图版七四）。

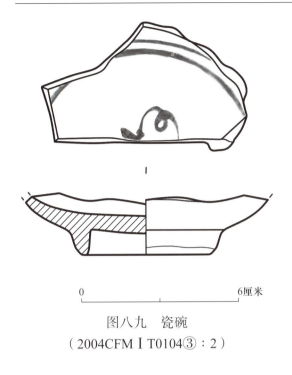

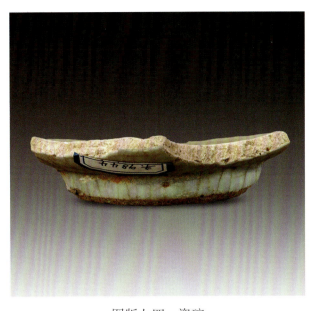

图八九　瓷碗
（2004CFMⅠT0104③∶2）

图版七四　瓷碗
（2004CFMⅠT0104③∶2）

2004CFMⅠT0202②∶1，仅存底部。圈足，足外撇，足墙内缘斜削。内底有涩圈。灰白胎，胎质较粗糙。青釉，底部外缘无釉。底径4.9、残高1.9厘米（图九〇；图版七五）。

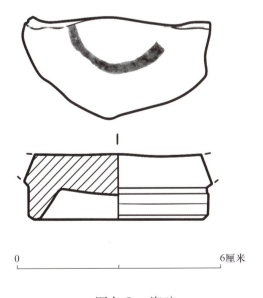

图九〇　瓷碗
（2004CFMⅠT0202②∶1）

图版七五　瓷碗
（2004CFMⅠT0202②∶1）

2004CFMⅠT0202②∶2，仅存底部。下腹近底曲收，圈足，足墙较薄，足略内敛，足端外缘斜削。浅灰白色胎，胎质细腻。釉下施青花，外壁饰成组交叉短线纹，内底双圈。残高2.8厘米（图九一；图版七六）。

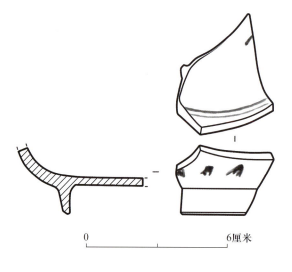

图九一　瓷碗
（2004CFMⅠT0202②：2）

图版七六　瓷碗
（2004CFMⅠT0202②：2）

2004CFMⅠG3：1，仅存底部。圈足，足墙较厚，足内缘斜削。灰白色胎，胎质较细腻。底无釉。釉下施青花，内底中心有一"福"字，字外双圈。底径5.7、残高2.8厘米（图九二；图版七七）。

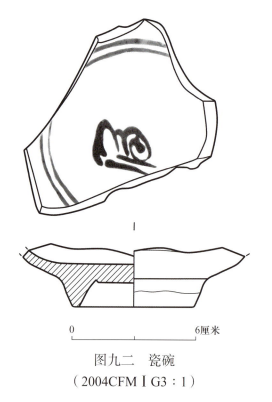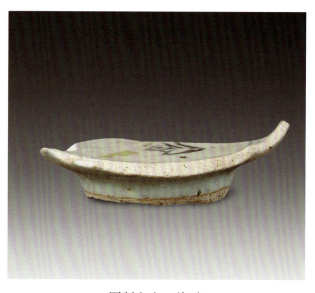

图九二　瓷碗
（2004CFMⅠG3：1）

图版七七　瓷碗
（2004CFMⅠG3：1）

2004CFMⅠT0203②：1，仅存底部。矮圈足，足端外缘斜削。灰白色胎，胎质细腻。外底无釉。釉下施青花，内底饰交错细线、粗线纹，似芦苇，足外单圈。底径3、残高1厘米（图九三；图版七八）。

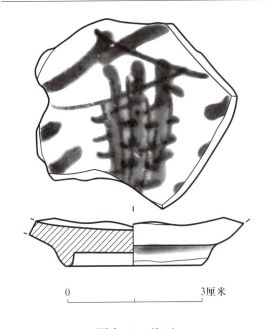

图九三　瓷碗
（2004CFMⅠT0203②：1）

图版七八　瓷碗
（2004CFMⅠT0203②：1）

2004CFMⅠT0106③：1，仅存底部。下腹近底部曲收，圈足，略外撇，足外缘斜削。灰白色胎。青釉，内、外壁施釉，底部无釉。底径4.1、残高2.9厘米（图九四；图版七九）。

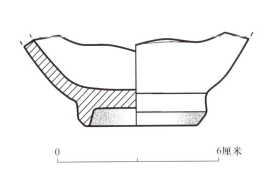

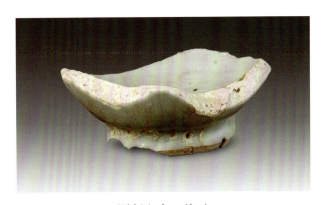

图九四　瓷碗
（2004CFMⅠT0106③：1）

图版七九　瓷碗
（2004CFMⅠT0106③：1）

2004CFMⅠT0107③：1，仅存底部。圈足，挖足过肩，足内缘斜削。灰褐色胎，胎质较粗糙。青灰釉，釉大多脱落。底径6.3、残高1.5厘米（图九五；图版八〇）。

2004CFMⅠT0107④：2，仅存底部。圈足，外撇，足内缘斜削。暗红色胎，胎质较粗糙。灰白釉，釉大多脱落。底径6.7、残高1.7厘米（图九六；图版八一）。

2004CFMⅠT0202②：3，仅存底部。下腹近底部斜曲，矮圈足，足内缘斜削，外底有不明显的鸡心突。灰白色胎，胎质细腻。灰白釉，部分脱落。底径5.2、残高2厘米（图九七；图版八二）。

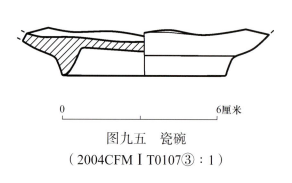

图九五　瓷碗
（2004CFMⅠT0107③：1）

图版八〇　瓷碗
（2004CFMⅠT0107③：1）

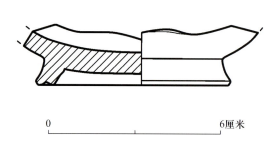

图九六　瓷碗
（2004CFMⅠT0107④：2）

图版八一　瓷碗
（2004CFMⅠT0107④：2）

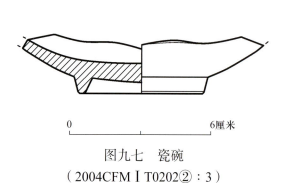

图九七　瓷碗
（2004CFMⅠT0202②：3）

图版八二　瓷碗
（2004CFMⅠT0202②：3）

2004CFMⅡT0304②：1，仅存底部。矮圈足，挖足过肩，足内缘斜削，内底有涩圈。灰白色胎，胎质较粗糙。青灰釉，底部无釉。残高2厘米（图九八；图版八三）。

2004CFMⅡT0305②：2，仅存底部。圈足，略外撇，足端内缘斜削，内底有涩圈。灰白色胎，胎质较粗糙。釉下施青花，纹饰漫漶不清。残高1.7厘米（图九九；图版八四）。

2004CFMⅡT0306②：1，仅存底部。圈足，略外撇，内底有涩圈。灰黄色胎，胎质较细腻。底部无釉。釉下施青花。残高1.7厘米（图一〇〇；图版八五）。

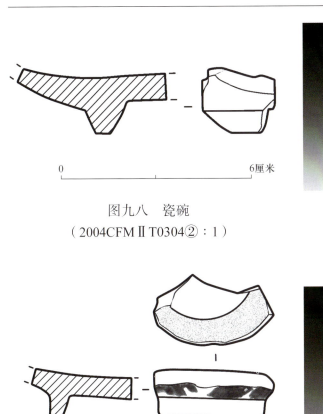

0　　　　　　　　　　　　　6厘米

图九八　瓷碗
（2004CFMⅡT0304②：1）

图版八三　瓷碗
（2004CFMⅡT0304②：1）

0　　　　　　　　　　　　　6厘米

图九九　瓷碗
（2004CFMⅡT0305②：2）

图版八四　瓷碗
（2004CFMⅡT0305②：2）

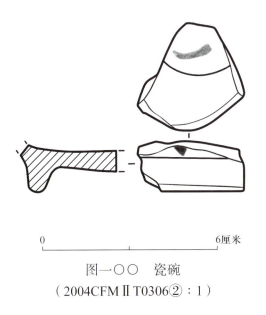

0　　　　　　　　　　　　　6厘米

图一〇〇　瓷碗
（2004CFMⅡT0306②：1）

图版八五　瓷碗
（2004CFMⅡT0306②：1）

2004CFMⅡT0306②：2，仅存底部。下腹近底部曲收，圈足，挖足过肩，足墙较薄，足略外撇，足端外缘斜削。灰白色胎，胎质较粗糙。釉下施青花，残存由点、线

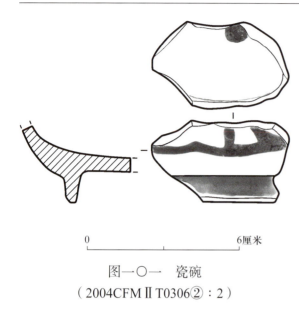

图一〇一　瓷碗
（2004CFMⅡT0306②：2）

图版八六　瓷碗
（2004CFMⅡT0306②：2）

构成的纹饰局部，式样不明。残高2.9厘米（图一〇一；图版八六）。

盘　1件。2004CFMⅠG1：2，敞口，平折沿，圆唇，斜腹微曲，圈足，足墙略矮，足底外缘斜削。灰白色胎，胎质较细腻。通体施釉，有明显开片。釉下施青花，内底有一蹲踞状麒麟，周边环绕云朵及龟形纹，外加双圈。口径19.9、底径11、高3.7厘米（图一〇二；图版八七）。

图一〇二　瓷盘
（2004CFMⅠG1：2）

图版八七　瓷盘
（2004CFMⅠG1：2）

罐　1件。2004CFMⅡT0204②：1，子母口，敛口，圆唇，口以下残缺。黄褐色胎。酱釉，口部无釉。口下有一周凸棱。残高3.2厘米（图一〇三；图版八八）。

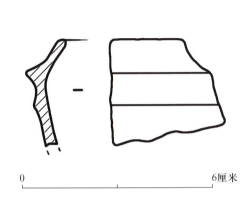

图一〇三　瓷罐
（2004CFMⅡT0204②：1）

图版八八　瓷罐
（2004CFMⅡT0204②：1）

盆　2件。

2004CFMⅡT0102④：1，敞口，厚圆唇，斜腹近直，腹以下残缺。灰色胎，胎质较粗糙。青灰釉，釉层见明显细碎开片。残高3.4厘米（图一〇四；图版八九）。

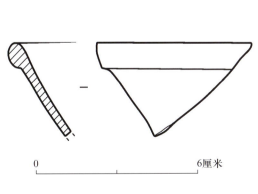

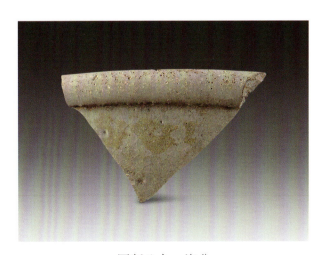

图一〇四　瓷盆
（2004CFMⅠT0102④：1）

图版八九　瓷盆
（2004CFMⅠT0102④：1）

2004CFMⅡT0206②：1，微侈口，厚圆唇，斜腹微曲，腹以下残缺。暗红色细砂胎，胎质较粗糙。胎外残见白色化妆土。釉均脱落。残高3厘米（图一〇五；图版九〇）。

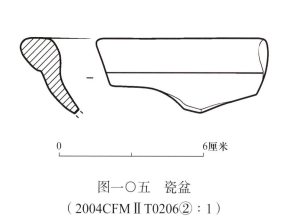

图一〇五　瓷盆　　　　　　　　　　　图版九〇　瓷盆
（2004CFMⅡT0206②：1）　　　　　（2004CFMⅡT0206②：1）

坛　1件。2004CFMⅠT0205④：2，子母口，圆唇，斜腹，腹以下残缺。红褐色胎，胎质较粗糙。胎外施白色化妆土。青绿釉，多脱落。残高4.3厘米（图一〇六；图版九一）。

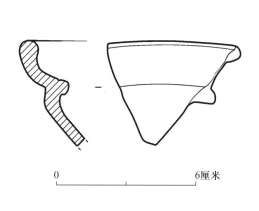

图一〇六　瓷坛　　　　　　　　　　　图版九一　瓷坛
（2004CFMⅠT0205④：2）　　　　　（2004CFMⅠT0205④：2）

器口流　1件。2004CFMⅠT0104③：3，前端残缺。前细后粗，体中空，横截面为环形。灰白色胎，胎质较细腻。青灰釉，釉层见细密开片。残长5.5厘米（图一〇七；图版九二）。

2. 陶器

8件。器类有擂钵、盆、壶、筒瓦、滴水、网坠等。

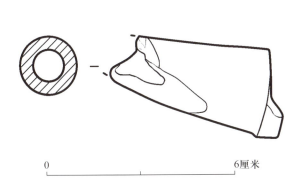

图一〇七 瓷器口流
（2004CFMⅠT0104③：3）

图版九二 瓷器口流
（2004CFMⅠT0104③：3）

擂钵 1件。2004CFMⅠT0203④：1，泥质红褐陶。敞口，方唇，口部有一流，深斜腹，平底。外壁饰多周凸棱，内壁有成组的竖向浅沟槽。口径32.5、底径11.3、高20.3厘米（图一〇八；图版九三）。

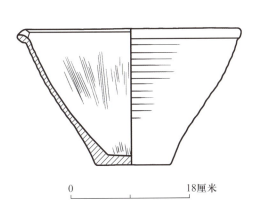

图一〇八 陶擂钵
（2004CFMⅠT0203④：1）

图版九三 陶擂钵
（2004CFMⅠT0203④：1）

盆 2件。

2004CFMⅠT0205③：3，泥质灰褐陶。折沿，圆唇，口部以下残缺。残高3.3厘米（图一〇九；图版九四）。

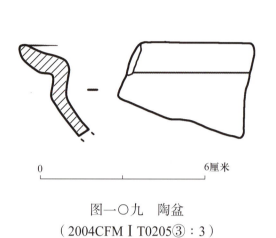

图一○九　陶盆
（2004CFMⅠT0205③：3）

图版九四　陶盆
（2004CFMⅠT0205③：3）

　　2004CFMⅠT0201②：1，夹砂灰褐陶。微敛口，厚圆唇，口部以下残缺。外壁有一周凸棱，内壁有成组的平行竖向浅沟槽。残高5.7厘米（图一一○；图版九五）。

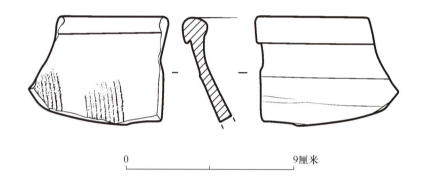

图一一○　陶盆（2004CFMⅠT0201②：1）

图版九五　陶盆（2004CFMⅠT0201②：1）

　　壶口流　1件。2004CFMⅠT0105③：2，泥质灰陶。前端残缺。前细后粗，体中空，横截面为环形。残长4厘米（图一一一；图版九六）。

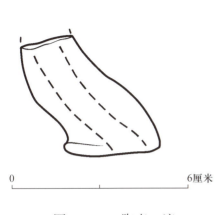

图一一一　陶壶口流
（2004CFM I T0105③：2）

图版九六　陶壶口流
（2004CFM I T0105③：2）

筒瓦　1件。2004CFM II T0305②：1，泥质灰陶。残存部分瓦舌端。瓦背素面，瓦内布纹。残长6.9厘米（图一一二；图版九七）。

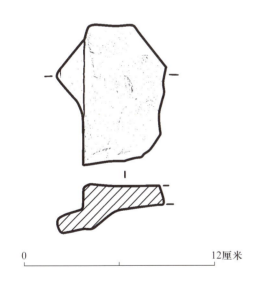

图一一二　陶筒瓦
（2004CFM II T0305②：1）

图版九七　陶筒瓦
（2004CFM II T0305②：1）

滴水　1件。2004CFM I T0207③：1，泥质灰陶。残存大半滴水及部分后端板瓦。滴水整体近三角形，侧面连弧，正面边缘凸出，其内饰枝叶纹。残高6.4厘米（图一一三；图版九八）。

网坠　1件。2004CFM I T0205③：1，泥质灰陶。近橄榄形。一端平齐，一端斜平，中部有一圆形穿孔，器表较粗糙。长5.4、最大径3.7、孔径0.5厘米（图一一四；图版九九）。

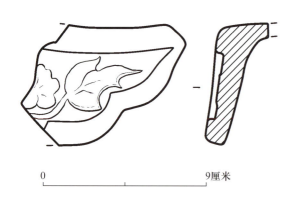

图一一三　陶滴水
（2004CFMⅠT0207③：1）

图版九八　陶滴水
（2004CFMⅠT0207③：1）

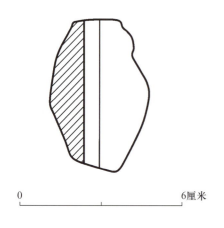

图一一四　陶网坠
（2004CFMⅠT0205③：1）

图版九九　陶网坠
（2004CFMⅠT0205③：1）

　　陶片　1件。2004CFMⅠT0101③：2，夹细砂灰陶。"L"形。饰云纹等图案。残高6.2厘米（图一一五；图版一〇〇）。

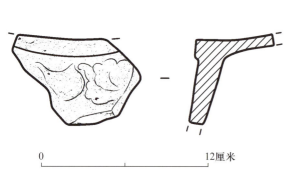

图一一五　陶片
（2004CFMⅠT0101③：2）

图版一〇〇　陶片
（2004CFMⅠT0101③：2）

3. 釉陶器

10件。器类有盆、碗、罐、钵等。

盆 2件。

2004CFMⅠT0107④：3，夹砂灰陶。侈口，圆唇，折腹，底部残缺。黄褐釉，釉不及底，大多脱落。腹部有一周凸棱。口径19.8、残高6.1厘米（图一一六；图版一〇一）。

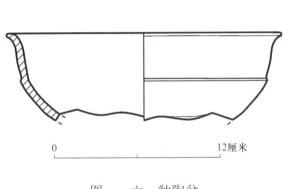

图一一六 釉陶盆
（2004CFMⅠT0107④：3）

图版一〇一 釉陶盆
（2004CFMⅠT0107④：3）

2004CFMⅠT0206④：1，泥质红褐陶。微侈口，厚圆唇，斜腹，腹以下残缺。内壁施化妆土。黄褐釉，局部脱落。口径15.8、残高3.6厘米（图一一七；图版一〇二）。

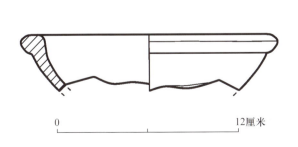

图一一七 釉陶盆
（2004CFMⅠT0206④：1）

图版一〇二 釉陶盆
（2004CFMⅠT0206④：1）

碗　3件。

2004CFMⅠT0102⑤：1，泥质红陶。敛口内折，方圆唇，斜腹，腹部以下残缺。器表施白色化妆土。灰黄釉，釉多脱落。口下有一周凸棱。残高4.6厘米（图一一八；图版一〇三）。

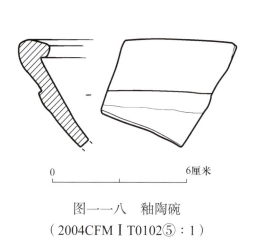

图一一八　釉陶碗　　　　　　　　　　　图版一〇三　釉陶碗
（2004CFMⅠT0102⑤：1）　　　　　　（2004CFMⅠT0102⑤：1）

2004CFMⅠT0101③：1，夹砂灰黄陶。敞口，圆唇，斜弧腹，高圈足，足端外缘斜削。外壁釉不及底，釉均已脱落，釉色不明。口径14.7、底径4.8、高7.5厘米（图一一九；图版一〇四）。

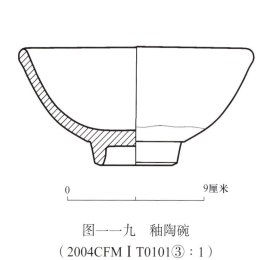

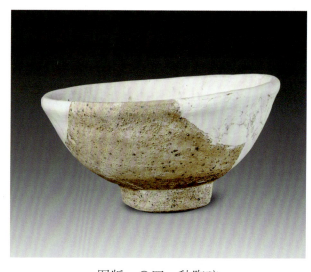

图一一九　釉陶碗　　　　　　　　　　　图版一〇四　釉陶碗
（2004CFMⅠT0101③：1）　　　　　　（2004CFMⅠT0101③：1）

2004CFMⅠG3：2，夹砂红褐陶。仅存底部。斜弧腹，圈足外撇，足端内缘斜削，内底下凹。黑褐釉，釉不及底。底径5.7、残高3.4厘米（图一二〇；图版一〇五）。

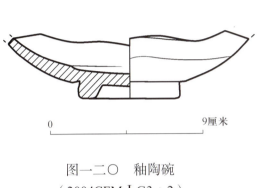

图一二〇　釉陶碗
（2004CFMⅠG3：2）

图版一〇五　釉陶碗
（2004CFMⅠG3：2）

罐　2件。

2004CFMⅠT0201③：1，夹砂灰陶。侈口，圆唇，束颈，溜肩，鼓腹，腹部以下残缺。黄褐釉，釉多脱落。颈部贴塑有泥饼。口径8.8、残高10.1厘米（图一二一；图版一〇六）。

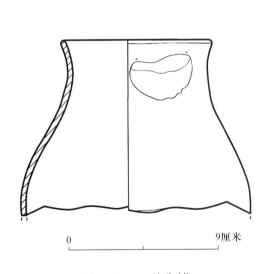

图一二一　釉陶罐
（2004CFMⅠT0201③：1）

图版一〇六　釉陶罐
（2004CFMⅠT0201③：1）

2004CFMⅠT0203②：2，夹砂灰褐陶。侈口，圆唇，溜肩，肩部以下残缺。黑褐釉，釉多脱落。口径23.4、残高4.3厘米（图一二二；图版一〇七）。

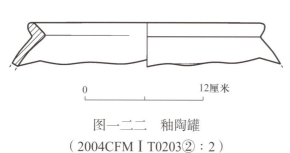

图一二二　釉陶罐
（2004CFMⅠT0203②：2）

图版一〇七　釉陶罐
（2004CFMⅠT0203②：2）

　　钵　1件。2004CFMⅠT0205③：2，夹砂红褐陶。敛口，圆唇，鼓肩，斜弧腹，腹部以下残缺。黄褐釉，釉大多脱落。肩部有三周浅凹槽。残高6.4厘米（图一二三；图版一〇八）。

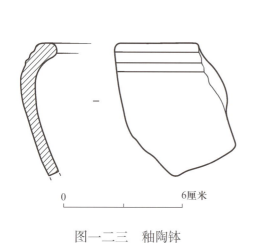

图一二三　釉陶钵
（2004CFMⅠT0205③：2）

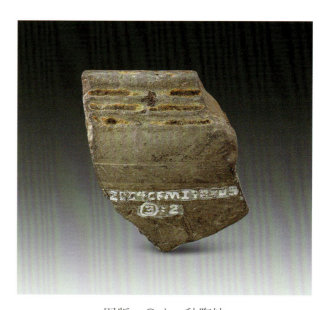

图版一〇八　釉陶钵
（2004CFMⅠT0205③：2）

　　器耳　1件。2004CFMⅠT0203⑤：1，夹砂褐陶。桥形。黄褐釉，釉多脱落。残长5.5、残宽2.9厘米（图一二四；图版一〇九）。

　　器口流　1件。2004CFMⅠT0202②：4，泥质灰陶。半圆形流口。黄褐釉，釉仅见外壁。残长4.2、残宽2厘米（图一二五；图版一一〇）。

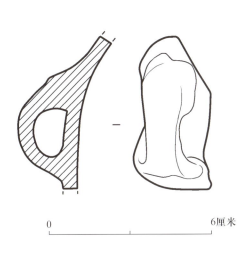

图一二四　釉陶器耳
（2004CFMⅠT0203⑤：1）

图版一〇九　釉陶器耳
（2004CFMⅠT0203⑤：1）

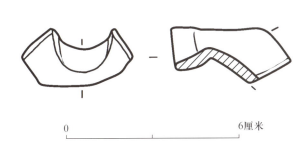

图一二五　釉陶器口流
（2004CFMⅠT0202②：4）

图版一一〇　釉陶器口流
（2004CFMⅠT0202②：4）

4. 铜器

1件。

帽钉　2004CFMⅠT0104④：1，半球形帽，体中空，帽内中心出一钉，钉弯曲变形，尖端残损。帽表面鎏金，脱落严重。帽径1.4厘米（图一二六；图版一一一）。

5. 铁器

4件。器类有刀、剪。均锈蚀严重。

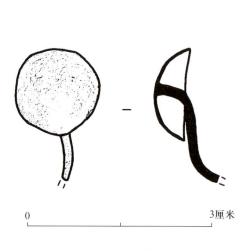

图一二六　铜帽钉
（2004CFMⅠT0104④：1）

图版一一一　铜帽钉
（2004CFMⅠT0104④：1）

刀　3件。

2002CFMⅠH1：3，刀身弧背，弧刃，横截面三角形；銎中空，銎孔圆形。长22.8、宽2.7厘米（图一二七；图版一一二）。

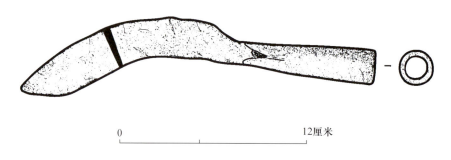

图一二七　铁刀（2002CFMⅠH1：3）

图版一一二　铁刀（2002CFMⅠH1：3）

2002CFMⅠH1∶5，刀身弧背，弧刃，横截面三角形；柄骨横截面长方形。长23.2、宽9厘米（图一二八）。

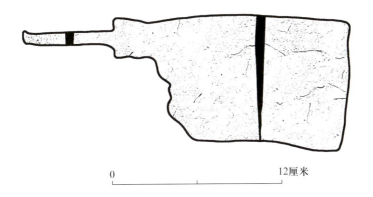

图一二八 铁刀（2002CFMⅠH1∶5）

2002CFMⅠH1∶4，刀身前端残缺，直背，弧刃，横截面三角形；銎中空，銎孔圆形。残长20.4、直径2.4厘米（图一二九；图版一一三）。

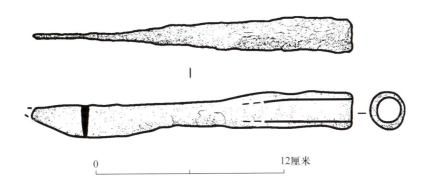

图一二九 铁刀（2002CFMⅠH1∶4）

图版一一三 铁刀（2002CFMⅠH1∶4）

剪 1件。2002CFMⅠT305③∶1，剪身为扁长条形，横截面三角形，前端平齐，直刃；手握处向外卷曲形如一半环钩，横截面长方形；中间以短铆钉为轴。长24厘米

（图一三〇；图版一一四）。

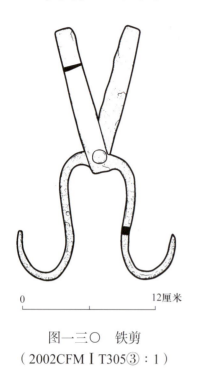

图一三〇　铁剪
（2002CFMⅠT305③：1）

图版一一四　铁剪
（2002CFMⅠT305③：1）

6. 石器

3件。器类有斧、铲。

斧　2件。均通体磨光，双面弧刃，顶及两侧边修出平面，器身有疤。

2002CFMⅠG1：1，砂岩。整体近长方形。平顶。刃部残缺一角。长6.9、宽3.2、厚1.3厘米（图一三一；图版一一五）。

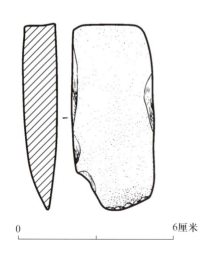

图一三一　石斧
（2002CFMⅠG1：1）

图版一一五　石斧
（2002CFMⅠG1：1）

2002CFM I T306②：1，灰质岩。整体近梯形。弧顶。刃部有疤痕。长5.7、宽4、厚1.4厘米（图一三二；图版一一六）。

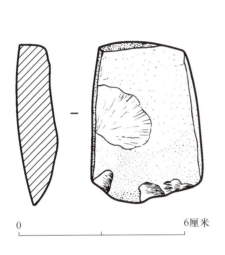

图一三二 石斧
（2002CFM I T306②：1）

图版一一六 石斧
（2002CFM I T306②：1）

铲 1件。2004CFM I T0208③：1，砂岩。整体亚腰形。一面磨光，另一面遍布打击疤痕。尾端外弧，弧刃，有使用痕迹。长12、宽3.4～7.6、厚2.4厘米（图一三三；图版一一七）。

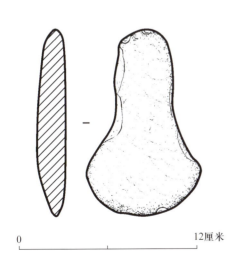

图一三三 石铲
（2004CFM I T0208③：1）

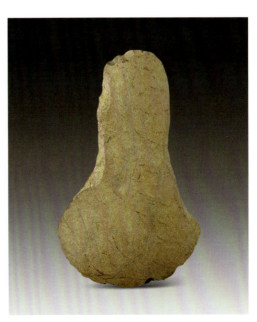

图版一一七 石铲
（2004CFM I T0208③：1）

第六章　结　　语

　　麻柳嘴遗址瓷碗（2002CFMⅠT105⑥：6）与重庆万州黄陵嘴遗址[①]唐代瓷碗（T0401③：4）形制相同；瓷碗（2002CFMⅠT105⑥：2）与重庆万州黄陵嘴遗址唐代瓷碗（T0502③：8）、重庆丰都糖房遗址[②]唐代B型瓷碗（G1：2）相似；釉陶四系罐（2002CFMⅠT513⑦：1）与重庆奉节县宝塔坪墓地[③]唐代瓷四系罐（2001ⅠM1037：1，原报告称之为盘口壶；2001ⅠM1006：2，原报告称之为釉陶四系盘口壶）形状和装饰完全相同；釉陶碗（2002CFMⅠT513⑦：2）与宝塔坪墓地唐代瓷碗（2001ⅠM1010：1）相同。另外，遗址文化层内出土了开元通宝3枚，为判定相关文化层属于唐代提供了最直接的实物证据。

　　麻柳嘴遗址瓷盘（2004CFMⅠG1：2）与重庆奉节新浦遗址明清时期C型瓷盘（T6001：10、11）相同[④]；釉陶碗（2004CFMⅠT0101③：1）与重庆开县故城遗址[⑤]明代瓷碗（ⅣT2③：5，原报告称之为青花瓷小盏）、重庆奉节瞿塘关遗址[⑥]明代瓷碗（M40：1）、重庆丰都铺子河遗址[⑦]明代瓷碗（H10：12）相似；陶擂钵（2004CFMⅠT0203④：1）与重庆奉节鱼腹浦遗址[⑧]明代陶擂钵（T1：9）相似。

　　上述比对成果为麻柳嘴遗址文化层和遗迹、遗物的年代判断提供了有力证据。通

　　① 广西壮族自治区文物工作队、重庆市文物局、重庆市万州区文物管理所：《万州黄陵嘴遗址发掘报告》，《重庆库区考古报告集·2001卷》（中），科学出版社，2007年。

　　② 内蒙古文物考古研究所、重庆市文物局、丰都县文物管理所：《丰都糖房遗址发掘报告》，《重庆库区考古报告集·2001卷》（下），科学出版社，2007年。

　　③ 吉林大学边疆考古研究中心、重庆市文化局、奉节县白帝城文物管理所：《奉节宝塔坪》，科学出版社，2010年。

　　④ 吉林大学边疆考古研究中心、重庆市文化局、奉节县白帝城文物管理所：《奉节新浦与老油坊》，科学出版社，2010年。

　　⑤ 中山大学人类学系、宜昌博物馆：《开县故城——2006～2008年考古发掘报告》，科学出版社，2022年。

　　⑥ 重庆市文物考古研究所：《奉节瞿塘关遗址发掘报告》，《重庆库区考古报告集·1999卷》，科学出版社，2006年。

　　⑦ 山西省考古研究所、重庆市文物局：《丰都铺子河遗址考古发掘报告》，《重庆库区考古报告集·2001卷》（下），科学出版社，2007年。

　　⑧ 吉林大学考古学系、重庆市文化局：《重庆市奉节县鱼腹浦遗址发掘报告》，《三峡考古之发现（二）》，湖北科学技术出版社，2020年。

过对出土遗物分析及与周边古代遗存对比，麻柳嘴遗址文化层及遗迹、遗物主要为唐代和明清时期。

麻柳嘴遗址2002年、2004年发现了商周、唐、宋元、明清四个时期的遗存。其中商周时期遗存仅分布于张溪以北靠近长江的狭长地带（2002年Ⅱ区），文化层分布范围小，遗物少且破碎，未发现遗迹现象，从已有发掘情况看，这一时期遗址文化内涵十分简单，推测当时人类在这里的活动范围小，活动频繁程度不高；唐代遗存分布在张溪南部的近江岸处（2002年和2004年Ⅰ区），不但面积大、文化层堆积厚，而且发现有墓葬和灰坑，另外，还出土了较为丰富的青瓷器、陶器、釉陶器等遗物，上述发现说明这一时期人类活动范围有所扩大，活动规模频率明显增加；宋元时期遗存仅发现于张溪以南的长江岸边（2002年Ⅰ区），虽然文化层有一定的堆积厚度和层次，但内涵十分简单，不但未发现相关遗迹，所见遗物也十分少且破碎，说明这一时期较唐代相比人类在遗址处的活动规模明显减弱；到明清时期，古文化遗存分布范围空前扩大，文化层遍布整个遗址，堆积层次较多且较厚，发现了灰坑、沟等遗迹及较多青花瓷器等遗物，这一时期人类活动规模继续扩大，文化内涵进一步丰富。

麻柳嘴遗址出土遗物皆为民间习见生活用器，瓷器除个别胎质细腻、釉色莹润外，余均胎质粗糙、色调不匀，应属民窑系统；陶器和釉陶器占有一定比重，器类单一，制作亦较粗糙，与瓷器并用。

峡江地区明清时期遗存或由于堆积较薄、内涵简单，或由于时代较晚重视程度不够等原因，这一时期的考古工作与更早期的文化遗存考古与研究相比，存在明显的差距。分布面积大、内涵较丰富的麻柳嘴遗址明清时期遗存的发现，是峡江地区晚期考古较重要的收获，它的发掘与研究为了解当地明清时期的历史文化提供了难得的实物材料。

附录　重庆市丰都县麻柳嘴遗址出土陶瓷遗物成分检测报告

李辰元　　赵文华　　毛帅西　　曾启华

　　本报告使用便携式荧光检测分析仪对麻柳嘴遗址出土的瓷器和陶器成分进行无损检测分析。瓷器和陶器是由多种成分构成的复合结构材料，如黏土、高岭土、石英和长石等，在不同的温度和气氛下将形成不同的结晶结构和成分分布。本次使用的是Thermo Scientific公司生产的NITON XL3t800便携式XRF检测仪，对瓷器和陶器表面成分进行标准测试，数据由Thermo Scientific XRF Analysis Software收集并分析。选定的样品釉面留存完好（图一、图二），釉面检测中尽量避免受到腐蚀和剥落的表面（图三、图四），胎体分析对成色不同部分分别进行检测。为保护文物完整性，仅在

图一　丰5090明清青花瓷碗釉面

图二　丰9835明清青花瓷盘釉面

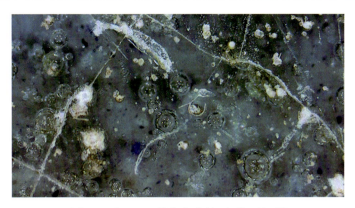

图三　丰5090明清青花瓷碗釉面细部

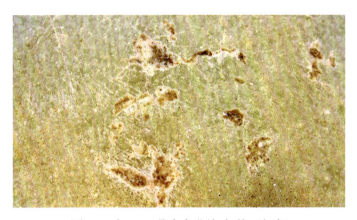

图四　丰9835明清青花瓷盘釉面细部

检测前通过表面清洁以去除可能影响分析准确性的表面污染物。分析仪工作原理为向样品表面发射低能量X射线，引发特征荧光发射并被探测器捕获。数据揭示每个文物中存在的元素信息，并通过专业软件处理收集到的数据，生成关于瓷器和陶器标本中元素组成和浓度水平的定量结果。

　　本次检测共完成75件陶瓷遗物的成分检测工作，数据经过处理，与其他科研机构检测数据中主要元素成分比例对比具有较好的一致性（表一）。在检测过程中，针对釉面和胎体有不同的颜色或处理工艺处及检测位置选择特殊处的数据进行了相关标注，并根据实验室检测数据库对数据进行了编号，方便后续研究学者进行查询和交流（表二）。

　　检测人员在操作过程中遵守Thermo Scientific提供的所有安全指南，并根据已制既定实验室协议定期进行校准检查，每个数据检测时间都超过45秒，确保整个分析过程中获得准确结果。前序研究证明便携式XRF分析在研究古代陶瓷方面的有效性，这些研究探讨了各种方面，包括原材料鉴定、生产技术、贸易网络和与瓷器和陶器相关的文化交流。检测结果希冀能为研究中国瓷器和陶器技术发展的考古学家提供基础性研究信息，为理解其邻近地区丰富的文化遗产知识体系做出贡献。

　　检测具体数据见下表（表三）：

表一　丰都博物馆提供修复文物XRF检测数据

（单位：wt%）

馆藏编号	检测位置	Si	Al	Fe	Mg	K	Ca	Ti	Mn	S	Co	Cl	Bal
丰9835	足胎	29.87	9.85	0.86	—	2.41	1.18	—	—	2.86	—	—	52.25
丰9835	外釉	40.54	6.67	0.35	—	3.79	4.35	—	—	0.48	—	—	43.64
丰9835	内青花	33.96	5.25	0.93	—	3.74	3.45	—	1.71	3.74	0.28	—	46.75
丰5090	足胎	25.38	11.17	1.14	0.49	1.88	0.9	0.33	—	2.21	—	0.32	55.99
丰5090	外釉	34.41	6	0.49	0.57	1.32	10.34	0.13	—	0.53	—	—	46.08
丰5090	外青花	31.17	4.83	0.87	—	0.77	10.19	—	0.97	2.49	—	—	48.36

表二　检测遗物实验室数据编号对照表

馆藏编号	pxrf数据编号 釉	pxrf数据编号 胎
丰5091	青花3258　3257	
丰5092	青花3253　3252	
丰5100	3255	3256
丰5102		3259
丰5103	3248	3249
丰5104	3250	3251
丰5105		3254
丰5106	3236	3237
丰5107	3234	3235
丰9814	青花3324	3325
丰9815	青花3306　3305	
丰9816	3303	内3336　外3337
丰9817	3304	
丰9818		内3368　外3369
丰9819	3357	3358　断面3359
丰9820	3301	3302
丰9821	青花3346　3345	断面3347
丰9822	3348	3349
丰9842	3287	
丰9843	3350	3351
丰9844	3338	青花3339　断面3340
丰9845	3365	断面3366
丰9846	3284	
丰9847	3280	3281
丰9848	3341	3342
丰9849	3289	3290
丰9850	3326	3327

续表

馆藏编号	pxrf数据编号 釉	pxrf数据编号 胎	馆藏编号	pxrf数据编号 釉	pxrf数据编号 胎	馆藏编号	pxrf数据编号 釉	pxrf数据编号 胎
丰5108	3232	3233	丰9823	3343	断面3344	丰9851	3328	断面3329
丰5109	3244	3245	丰9824	3265	3266	丰9852		3367
丰5110	3246	3247	丰9825		3355	丰9853	3363	3364
丰5111	3238	3239	丰9826		3273	丰9855	3299	3300
丰5112		白3230 灰3231	丰9828		内3282 外3283	丰9856	3291	3292
丰5113	3242	3243	丰9829		内3285 外3286	丰9857	红3352	灰3353 断面3354
丰5116	3240	3241	丰9830		3356	丰9858	3293	3294
丰9805	3309	断面3310	丰9831		3288	丰9859	3297	3298
丰9806	3322	断面3323	丰9832	内3267 外3268		丰9860	3269	3270
丰9807		白3320 灰3321	丰9834		3279	丰9861		3275
丰9808	3311	断面3312	丰9836		内3295 外3296	丰9862		3260
丰9809	青花3314	断面3315	丰9837	3332 青花3333	3331	丰9863	3276	3261
丰9810	青花3316	断面3317	丰9838	3330		丰9864	3278	3277
丰9811	3360		丰9839		内3361 外3362	丰9865		
丰9812	青花3319		丰9840		内3263 外3264	丰9866	白3271	土黄3272
丰9813	3307	断面3308	丰9841	3334	3335	丰9869		3262

表三 重庆市丰都县麻柳嘴遗址出土陶瓷遗物便携式荧光检测分析数据表

编号	单位	Sb	Sn	Cd	Pd	Ag	Mo	Nb	Zr	Bi	Pb	As	Zn	Cu
3230	ppm	75	35	38	17	—	—	22	265	25	29	14	68	—
3231	ppm	48	29	25	—	—	—	20	303	—	42	15	102	40

编号	单位	Ni	Co	Fe	Mn	Cr	V	Ti	Al	S	P	Si	Mg	Hg
3230	ppm	69	552	22317	—	115	145	5500	155338	33430	—	288726	—	—
3231	ppm	—	—	53433	338	115	141	5835	81394	39268	—	248154	—	—

编号	单位	Ba	W	Sr	U	Rb	Th	Sc	Ca	K	Cs	Te	Bal	Cl
3230	ppm	846	—	75	—	122	19	—	10875	17350	115	199	458289	—
3231	ppm	518	—	80	—	90	10	—	17895	12085	58	119	541232	—

丰5112

编号	单位	Sb	Sn	Cd	Pd	Ag	Mo	Nb	Zr	Bi	Pb	As	Zn	Cu
3242	ppm	51	23	—	—	15	11	28	351	32	37	11	78	—
3243	ppm	71	33	23	—	—	—	23	320	21	37	22	115	45

编号	单位	Ni	Co	Fe	Mn	Cr	V	Ti	Al	S	P	Si	Mg	Hg
3242	ppm	—	487	20809	253	112	163	6426	44388	142023	1461	186448	—	—
3243	ppm	83	330	55868	213	103	178	5570	51966	117347	—	189282	—	—

编号	单位	Ba	W	Sr	U	Rb	Th	Sc	Ca	K	Cs	Te	Bal	Cl
3242	ppm	834	—	67	—	90	20	—	50209	9554	95	134	531803	—
3243	ppm	697	—	66	—	82	17	—	33947	10746	97	144	536764	—

丰5113

续表

编号	单位	Sb	Sn	Cd	Pd	Ag	Mo	Nb	Zr	Bi	Pb	As	Zn	Cu
3240	ppm	66	34	19	—	—	—	10	353	8	29	29	63	58
3241	ppm	72	29	26	—	14	—	22	314	—	64	27	107	63

编号	单位	Ni	Co	Fe	Mn	Cr	V	Ti	Al	S	P	Si	Mg	Hg
3240	ppm	100	302	14946	208	124	165	7164	25610	7425	281	28286	—	—
3241	ppm	95	—	56357	—	146	111	6463	59635	8736	—	67843	—	—

编号	单位	Ba	W	Sr	U	Rb	Th	Sc	Ca	K	Cs	Te	Bal	Cl
3240	ppm	741	—	57	—	83	16	—	16688	8257	104	141	—	916224
3241	ppm	715	—	60	—	88	11	—	9109	12547	110	176	—	781509

编号	单位	Sb	Sn	Cd	Pd	Ag	Mo	Nb	Zr	Bi	Pb	As	Zn	Cu
3309	ppm	81	47	28	—	17	—	13	149	18	14	—	24	—
3310	ppm	97	45	36	17	10	—	21	172	27	15	—	22	—

编号	单位	Ni	Co	Fe	Mn	Cr	V	Ti	Al	S	P	Si	Mg	Hg
3309	ppm	75	—	2538	313	58	49	1308	61175	1854	—	311325	—	—
3310	ppm	67	—	4610	240	63	100	3279	122674	4010	—	288982	—	—

编号	单位	Ba	W	Sr	U	Rb	Th	Sc	Ca	K	Cs	Te	Bal	Cl
3309	ppm	725	—	102	—	42	16	238	86722	13008	131	199	523953	—
3310	ppm	730	—	28	—	55	21	—	2583	12022	114	193	558781	—

丰5116

丰9805

续表

编号	单位	Sb	Sn	Cd	Pd	Ag	Mo	Nb	Zr	Bi	Pb	As	Zn	Cu
3322	ppm	100	51	54	31	16	—	20	226	—	28	—	37	48
3323	ppm	89	49	38	—	15	—	28	293	24	32	—	576	44

编号	单位	Ni	Co	Fe	Mn	Cr	V	Ti	Al	S	P	Si	Mg	Hg
3322	ppm	57	—	57245	2489	—	—	1814	43672	2485	—	224961	—	—
3323	ppm	—	—	21017	357	102	184	7631	85222	4584	—	203003	—	—

编号	单位	Ba	W	Sr	U	Rb	Th	Sc	Ca	K	Cs	Te	Bal	Cl
3322	ppm	924	—	171	—	109	—	—	111862	16511	121	215	535320	—
3323	ppm	1124	—	117	—	175	21	—	6143	20687	130	188	509747	139497

丰9806

编号	单位	Sb	Sn	Cd	Pd	Ag	Mo	Nb	Zr	Bi	Pb	As	Zn	Cu
3320	ppm	89	33	23	—	21	8	20	292	22	38	17	82	47
3321	ppm	86	44	25	—	—	—	23	328	—	44	12	105	52

编号	单位	Ni	Co	Fe	Mn	Cr	V	Ti	Al	S	P	Si	Mg	Hg
3320	ppm	—	365	40862	500	112	81	5866	91933	1497	2435	238011	—	—
3321	ppm	112	—	52452	847	112	133	6511	99231	2186	—	294660	—	—

编号	单位	Ba	W	Sr	U	Rb	Th	Sc	Ca	K	Cs	Te	Bal	Cl
3320	ppm	824	—	77	—	92	19	—	12088	7822	99	165	597685	—
3321	ppm	1040	—	81	—	102	14	—	7968	12140	132	169	522273	—

丰9807

续表

编号	单位	Sb	Sn	Cd	Pd	Ag	Mo	Nb	Zr	Bi	Pb	As	Zn	Cu
3311	ppm	64	37	30	15	13	—	15	198	24	13	—	45	31
3312	ppm	52	37	33	22	12	—	15	207	29	24	—	22	—

编号	单位	Ni	Co	Fe	Mn	Cr	V	Ti	Al	S	P	Si	Mg	Hg
3311	ppm	59	263	5058	1489	119	74	2751	57508	5708	—	257099	—	—
3312	ppm	51	—	11659	204	67	120	3525	115454	5732	—	252625	—	—

编号	单位	Ba	W	Sr	U	Rb	Th	Sc	Ca	K	Cs	Te	Bal	Cl
3311	ppm	653	—	44	—	71	18	260	61155	14156	95	159	589993	—
3312	ppm	743	—	37	—	77	19	—	3323	15239	104	155	591005	—

编号	单位	Sb	Sn	Cd	Pd	Ag	Mo	Nb	Zr	Bi	Pb	As	Zn	Cu
3313	ppm	100	52	54	20	16	—	23	59	—	24	—	68	65
3314	ppm	72	45	26	—	—	—	28	58	—	26	—	75	71
3315	ppm	103	48	39	—	22	—	16	107	—	42	—	69	—

编号	单位	Ni	Co	Fe	Mn	Cr	V	Ti	Al	S	P	Si	Mg	Hg
3313	ppm	59	—	3374	388	—	—	286	45506	3513	—	297387	—	—
3314	ppm	62	—	4202	776	58	—	374	59882	8838	—	251273	—	17
3315	ppm	—	—	13870	396	96	—	1052	54761	3893	—	206780	—	—

编号	单位	Ba	W	Sr	U	Rb	Th	Sc	Ca	K	Cs	Te	Bal	Cl
3313	ppm	816	—	121	—	187	9	160	54331	14716	144	209	569469	—
3314	ppm	674	—	142	—	198	—	224	64271	15745	111	183	425207	166567
3315	ppm	678	—	68	18	227	10	—	5655	15923	112	200	691028	—

#3311　#3312　丰9808

#3313　#3314　#3315　丰9809

续表

编号	单位	Sb	Sn	Cd	Pd	Ag	Mo	Nb	Zr	Bi	Pb	As	Zn	Cu
3316	ppm	95	47	43	22	22	—	7	126	—	22	—	21	120
3317	ppm	114	53	42	22	25	—	10	153	22	19	—	23	38

编号	单位	Ni	Co	Fe	Mn	Cr	V	Ti	Al	S	P	Si	Mg	Hg
3316	ppm	76	968	4276	5303	52	48	915	45583	824	—	261712	—	—
3317	ppm	59	—	5671	156	57	71	2024	77457	4272	—	261952	—	—

编号	单位	Ba	W	Sr	U	Rb	Th	Sc	Ca	K	Cs	Te	Bal	Cl
3316	ppm	763	—	89	—	51	10	133	58858	10269	126	221	604068	—
3317	ppm	929	—	56	—	56	15	—	30464	11513	168	249	603138	—

编号	单位	Sb	Sn	Cd	Pd	Ag	Mo	Nb	Zr	Bi	Pb	As	Zn	Cu
3360	ppm	89	45	30	26	17	—	19	285	16	40	12	120	42

编号	单位	Ni	Co	Fe	Mn	Cr	V	Ti	Al	S	P	Si	Mg	Hg
3360	ppm	86	—	46966	691	78	150	4893	75191	1046	—	228286	—	—

编号	单位	Ba	W	Sr	U	Rb	Th	Sc	Ca	K	Cs	Te	Bal	Cl
3360	ppm	945	—	64	—	86	15	—	4164	12354	126	180	624210	—

#3317 #3316 丰9810

#3360 丰9811

续表

编号	单位	Sb	Sn	Cd	Pd	Ag	Mo	Nb	Zr	Bi	Pb	As	Zn	Cu
3318	ppm	34	30	19	—	12	—	37	58	19	37	59	63	34
3319	ppm	34	28	29	—	—	—	32	54	21	27	152	50	66

编号	单位	Ni	Co	Fe	Mn	Cr	V	Ti	Al	S	P	Si	Mg	Hg
3318	ppm	—	—	4539	390	—	—	372	46773	3508	—	288639	—	—
3319	ppm	—	287	3086	1477	—	59	271	67238	2388	—	333373	—	—

编号	单位	Ba	W	Sr	U	Rb	Th	Sc	Ca	K	Cs	Te	Bal	Cl
3318	ppm	129	—	69	—	455	12	113	45090	25510	20	—	582277	—
3319	ppm	225	—	74	—	400	10	150	51261	25627	44	69	504122	—

编号	单位	Sb	Sn	Cd	Pd	Ag	Mo	Nb	Zr	Bi	Pb	As	Zn	Cu
3307	ppm	100	58	52	16	12	—	20	31	—	48	—	38	53
3308	ppm	82	48	26	—	13	—	12	37	—	65	—	40	28

编号	单位	Ni	Co	Fe	Mn	Cr	V	Ti	Al	S	P	Si	Mg	Hg
3307	ppm	66	—	3607	409	—	—	341	51834	4375	—	301820	—	—
3308	ppm	44	110	4871	554	—	—	684	97868	11074	—	331295	—	—

编号	单位	Ba	W	Sr	U	Rb	Th	Sc	Ca	K	Cs	Te	Bal	Cl
3307	ppm	695	—	68	22	294	—	191	58579	17796	147	190	558896	—
3308	ppm	672	—	30	18	324	—	—	6347	16288	124	158	527678	—

丰9812

丰9813

续表

编号	单位	Sb	Sn	Cd	Pd	Ag	Mo	Nb	Zr	Bi	Pb	As	Zn	Cu
3324	ppm	86	46	41	24	20	—	15	41	—	20	—	53	32
3325	ppm	60	43	28	—	16	—	20	62	—	36	—	53	41

编号	单位	Ni	Co	Fe	Mn	Cr	V	Ti	Al	S	P	Si	Mg	Hg
3324	ppm	102	297	4396	2710	64	—	348	51471	4512	—	288068	—	—
3325	ppm	—	—	6012	342	105	—	828	80621	4256	—	257699	—	—

编号	单位	Ba	W	Sr	U	Rb	Th	Sc	Ca	K	Cs	Te	Bal	Cl
3324	ppm	532	—	48	—	167	10	171	54548	17212	107	174	566448	—
3325	ppm	377	—	27	—	202	12	—	3595	17497	82	164	624584	—

编号	单位	Sb	Sn	Cd	Pd	Ag	Mo	Nb	Zr	Bi	Pb	As	Zn	Cu
3305	ppm	74	68	29	17	13	6	20	52	37	32	—	43	40
3306	ppm	75	52	39	—	14	—	23	46	16	31	—	61	66

编号	单位	Ni	Co	Fe	Mn	Cr	V	Ti	Al	S	P	Si	Mg	Hg
3305	ppm	—	—	3361	321	—	—	299	55337	2001	—	271874	—	—
3306	ppm	182	388	4129	2831	—	38	312	85142	4823	—	322553	—	—

编号	单位	Ba	W	Sr	U	Rb	Th	Sc	Ca	K	Cs	Te	Bal	Cl
3305	ppm	580	—	73	21	356	17	92	42273	16863	118	193	605391	—
3306	ppm	472	—	83	29	359	12	174	45281	18906	103	147	452605	58787

丰9814

丰9815

续表

编号	单位	Sb	Sn	Cd	Pd	Ag	Mo	Nb	Zr	Bi	Pb	As	Zn	Cu
3336	ppm	114	63	29	27	25	—	22	267	—	39	—	80	50
3337	ppm	96	47	36	—	19	—	21	299	—	47	17	75	60

编号	单位	Ni	Co	Fe	Mn	Cr	V	Ti	Al	S	P	Si	Mg	Hg
3336	ppm	—	—	53938	492	68	78	3615	63202	1509	—	185477	—	—
3337	ppm	65	—	60871	870	78	141	5340	55942	2199	1949	203380	17264	—

编号	单位	Ba	W	Sr	U	Rb	Th	Sc	Cs	K	Ca	Te	Bal	Cl
3336	ppm	947	—	74	—	85	13	—	137	10472	4008	217	673295	—
3337	ppm	1020	—	97	—	99	11	—	140	12042	36909	221	606363	—

丰9816

编号	单位	Sb	Sn	Cd	Pd	Ag	Mo	Nb	Zr	Bi	Pb	As	Zn	Cu
3303	ppm	68	39	31	—	22	—	23	217	18	31	15	83	61
3304	ppm	84	51	26	—	16	—	23	247	21	30	14	1355	—

编号	单位	Ni	Co	Fe	Mn	Cr	V	Ti	Al	S	P	Si	Mg	Hg
3303	ppm	66	—	36857	1738	49	68	2760	39706	6482	8361	178184	—	—
3304	ppm	—	326	45614	360	114	—	11680	37475	8669	—	121788	—	—

编号	单位	Ba	W	Sr	U	Rb	Th	Sc	Cs	K	Ca	Te	Bal	Cl
3303	ppm	763	—	149	—	106	15	—	108	13350	83201	185	626804	—
3304	ppm	861	—	88	—	141	19	—	103	12472	3502	186	684110	74519

丰9817

续表

编号	单位	Sb	Sn	Cd	Pd	Ag	Mo	Nb	Zr	Bi	Pb	As	Zn	Cu
3368	ppm	98	42	41	—	13	7	21	243	25	29	—	66	47
3369	ppm	78	43	21	18	13	—	22	294	22	33	—	84	42

编号	单位	Ni	Co	Fe	Mn	Cr	V	Ti	Al	S	P	Si	Mg	Hg
3368	ppm	64	287	38229	606	89	161	5037	69489	1657	3819	189759	—	—
3369	ppm	66	—	41381	226	112	193	6547	120165	4793	—	279617	—	—

编号	单位	Ba	W	Sr	U	Rb	Th	Sc	Ca	K	Cs	Te	Bal	Cl
3368	ppm	1022	—	66	—	109	20	—	30660	10641	139	183	544821	97935
3369	ppm	779	—	58	—	124	16	—	4216	12434	114	170	530305	—

编号	单位	Sb	Sn	Cd	Pd	Ag	Mo	Nb	Zr	Bi	Pb	As	Zn	Cu
3357	ppm	93	49	28	21	13	—	18	257	16	28	18	106	122
3358	ppm	82	37	29	19	—	—	22	274	20	26	10	78	56
3359	ppm	82	48	36	30	16	—	22	283	—	26	—	66	47

编号	单位	Ni	Co	Fe	Mn	Cr	V	Ti	Al	S	P	Si	Mg	Hg
3357	ppm	89	—	41716	1318	70	129	5326	61687	4573	3513	240902	14510	—
3358	ppm	89	—	42384	1068	127	173	5692	93641	7633	—	238404	—	—
3359	ppm	81	—	47017	417	89	148	5041	89773	29530	—	251704	10015	—

编号	单位	Ba	W	Sr	U	Rb	Th	Sc	Ca	K	Cs	Te	Bal	Cl
3357	ppm	997	—	139	—	131	14	—	27162	21743	118	193	576198	—
3358	ppm	799	—	83	—	131	18	—	6836	19874	117	137	474679	102621
3359	ppm	907	—	79	—	122	11	—	9192	13114	135	174	542438	—

#3368　#3369　丰9818

#3359　#3358　#3357　丰9819

续表

编号	单位	Sb	Sn	Cd	Pd	Ag	Mo	Nb	Zr	Bi	Pb	As	Zn	Cu
3301	ppm	77	32	27	19	16	—	18	197	18	24	—	34	35
3302	ppm	81	44	34	—	13	—	14	230	26	18	—	21	29

编号	单位	Ni	Co	Fe	Mn	Cr	V	Ti	Al	S	P	Si	Mg	Hg
3301	ppm	62	—	4839	465	63	64	1914	67701	2960	1989	307443	—	—
3302	ppm	83	—	10794	158	109	117	4766	125999	11235	—	167156	—	—

编号	单位	Ba	W	Sr	U	Rb	Th	Sc	Ca	K	Cs	Te	Bal	Cl
3301	ppm	913	—	104	—	81	13	177	72842	16124	119	182	520490	—
3302	ppm	880	—	61	—	103	18	—	5861	19674	116	192	416780	238100

编号	单位	Sb	Sn	Cd	Pd	Ag	Mo	Nb	Zr	Bi	Pb	As	Zn	Cu
3345	ppm	98	51	43	17	58	—	34	37	—	22	—	68	65
3346	ppm	103	59	40	20	64	—	37	40	—	23	9	44	51
3347	ppm	70	28	19	—	100	32	47	66	—	48	—	37	—

编号	单位	Ni	Co	Fe	Mn	Cr	V	Ti	Al	S	P	Si	Mg	Hg
3345	ppm	65	—	3442	420	58	—	436	38867	4533	—	231925	—	—
3346	ppm	237	1658	6377	12875	64	—	441	74846	17034	—	268385	—	—
3347	ppm	70	—	6468	385	100	—	998	94596	8409	—	284308	—	—

编号	单位	Ba	W	Sr	U	Rb	Th	Sc	Ca	K	Cs	Te	Bal	Cl
3345	ppm	676	—	91	—	269	9	140	42246	25063	138	190	649478	—
3346	ppm	746	—	92	20	275	—	132	46603	23431	160	246	537322	—
3347	ppm	405	—	44	—	224	8	—	4367	18218	81	129	576755	—

丰9820

丰9821

续表

编号	单位	Sb	Sn	Cd	Pd	Ag	Mo	Nb	Zr	Bi	Pb	As	Zn	Cu
3348	ppm	51	27	—	—	—	—	141	115	81	30	13	67	33
3349	ppm	44	23	—	—	—	—	148	116	98	40	15	29	—

编号	单位	Ni	Co	Fe	Mn	Cr	V	Ti	Al	S	P	Si	Mg	Hg
3348	ppm	63	—	6996	1131	91	—	2008	54175	7081	2476	177581	—	—
3349	ppm	72	—	11002	227	64	—	1105	151208	7927	—	226988	—	—

编号	单位	Ba	W	Sr	U	Rb	Th	Sc	Ca	K	Cs	Te	Bal	Cl
3348	ppm	449	—	74	17	308	52	—	46423	21472	85	99	499381	177134
3349	ppm	426	—	34	23	315	61	—	4072	19268	76	94	577052	—

丰9822

编号	单位	Sb	Sn	Cd	Pd	Ag	Mo	Nb	Zr	Bi	Pb	As	Zn	Cu
3343	ppm	92	56	48	—	17	—	18	265	15	16	—	31	98
3344	ppm	71	39	33	—	14	—	21	288	23	34	—	67	—

编号	单位	Ni	Co	Fe	Mn	Cr	V	Ti	Al	S	P	Si	Mg	Hg
3343	ppm	67	—	13590	976	124	121	4455	79867	15388	—	283904	—	—
3344	ppm	71	—	26289	611	159	204	5683	87638	28556	—	244457	—	—

编号	单位	Ba	W	Sr	U	Rb	Th	Sc	Ca	K	Cs	Te	Bal	Cl
3343	ppm	949	—	233	—	100	11	245	80232	14221	136	244	505911	—
3344	ppm	754	—	73	—	114	19	—	13170	13087	103	156	578968	—

丰9823

续表

编号	单位	Sb	Sn	Cd	Pd	Ag	Mo	Nb	Zr	Bi	Pb	As	Zn	Cu
3265	ppm	84	62	43	—	15	—	34	65	—	30	—	35	—
3266	ppm	—	—	—	—	—	—	—	61	—	24	—	43	—

编号	单位	Ni	Co	Fe	Mn	Cr	V	Ti	Al	S	P	Si	Mg	Hg
3265	ppm	57	—	6365	505	—	—	613	50158	665	—	278750	—	—
3266	ppm	—	—	12553	352	97	—	1228	74753	14315	—	184695	9483	—

编号	单位	Ba	W	Sr	U	Rb	Th	Sc	Ca	K	Cs	Te	Bal	Cl
3265	ppm	682	—	72	21	454	—	117	28840	31558	137	197	598563	—
3266	ppm	307	—	25	—	498	12	—	18803	19323	—	—	664267	—

编号	单位	Sb	Sn	Cd	Pd	Ag	Mo	Nb	Zr	Bi	Pb	As	Zn	Cu
3355	ppm	73	33	34	—	14	—	22	263	—	39	—	104	53

编号	单位	Ni	Co	Fe	Mn	Cr	V	Ti	Al	S	P	Si	Mg	Hg
3355	ppm	71	—	48784	551	162	136	5949	95643	893	1500	251271	11232	—

编号	单位	Ba	W	Sr	U	Rb	Th	Sc	Ca	K	Cs	Te	Bal	Cl
3355	ppm	1009	—	142	—	65	14	—	7091	13360	131	179	562873	—

#3265　#3266　丰9824

#3355　丰9825

续表

编号	单位	Sb	Sn	Cd	Pd	Ag	Mo	Nb	Zr	Bi	Pb	As	Zn	Cu
3273	ppm	128	49	37	18	14	—	18	240	22	25	12	70	44

编号	单位	Ni	Co	Fe	Mn	Cr	V	Ti	Al	S	P	Si	Mg	Hg
3273	ppm	70	—	43021	1851	74	100	5117	59905	40478	2831	171055	—	—

编号	单位	Ba	W	Sr	U	Rb	Th	Sc	Ca	K	Cs	Te	Bal	Cl
3273	ppm	1065	—	160	—	87	15	—	40215	12070	162	235	622011	—

编号	单位	Sb	Sn	Cd	Pd	Ag	Mo	Nb	Zr	Bi	Pb	As	Zn	Cu
3282	ppm	62	43	—	—	16	—	20	284	—	43	—	118	51
3283	ppm	67	44	24	19	—	—	27	306	18	29	16	145	50

编号	单位	Ni	Co	Fe	Mn	Cr	V	Ti	Al	S	P	Si	Mg	Hg
3282	ppm	116	—	59767	657	78	86	5209	67159	1769	—	206746	15486	—
3283	ppm	—	—	66799	777	131	202	7433	110435	16754	—	242621	—	—

编号	单位	Ba	W	Sr	U	Rb	Th	Sc	Ca	K	Cs	Te	Bal	Cl
3282	ppm	829	—	75	—	88	12	—	4694	11769	118	144	623859	—
3283	ppm	941	—	77	—	101	20	—	12686	14401	122	172	516870	—

#3273
丰9826

#3282
#3283
丰9828

续表

编号	单位	Sb	Sn	Cd	Pd	Ag	Mo	Nb	Zr	Bi	Pb	As	Zn	Cu
3285	ppm	64	34	25	21	27	—	20	309	17	35	—	493	37
3286	ppm	70	42	27	—	14	—	23	325	25	38	15	99	58

编号	单位	Ni	Co	Fe	Mn	Cr	V	Ti	Al	S	P	Si	Mg	Hg
3285	ppm	66	—	58772	498	130	—	8978	54061	6868	—	207095	17518	—
3286	ppm	88	—	57397	506	121	135	7185	96436	5770	1179	224086	—	—

编号	单位	Ba	W	Sr	U	Rb	Th	Sc	Ca	K	Cs	Te	Bal	Cl
3285	ppm	750	—	81	—	104	17	—	22099	10392	89	122	611884	—
3286	ppm	835	—	70	—	99	18	—	11797	12039	102	178	488332	94724

编号	单位	Sb	Sn	Cd	Pd	Ag	Mo	Nb	Zr	Bi	Pb	As	Zn	Cu
3356	ppm	74	42	40	—	—	—	16	247	—	34	17	141	—

编号	单位	Ni	Co	Fe	Mn	Cr	V	Ti	Al	S	P	Si	Mg	Hg
3356	ppm	114	—	57063	894	176	152	7200	121765	936	—	263385	13148	—

编号	单位	Ba	W	Sr	U	Rb	Th	Sc	Ca	K	Cs	Te	Bal	Cl
3356	ppm	960	—	114	—	96	12	—	6897	17883	121	160	509756	—

#3285 #3286 丰9829

#3356 丰9830

续表

编号	单位	Sb	Sn	Cd	Pd	Ag	Mo	Nb	Zr	Bi	Pb	As	Zn	Cu
3288	ppm	67	40	30	—	15	—	18	366	17	37	—	92	45

编号	单位	Ni	Co	Fe	Mn	Cr	V	Ti	Al	Si	P	S	Mg	Hg
3288	ppm	119	—	53710	660	109	177	6446	76621	125135	—	18446	—	—

编号	单位	Ba	W	Sr	U	Rb	Th	Sc	Ca	K	Cs	Te	Bal	Cl
3288	ppm	962	—	84	—	97	13	—	10788	13745	126	165	212193	474411

编号	单位	Sb	Sn	Cd	Pd	Ag	Mo	Nb	Zr	Bi	Pb	As	Zn	Cu
3267	ppm	68	42	25	—	—	17	29	130	38	62	126	142	64
3268	ppm	86	42	25	18	16	19	32	124	46	47	34	90	42

编号	单位	Ni	Co	Fe	Mn	Cr	V	Ti	Al	Si	P	S	Mg	Hg
3267	ppm	52	—	5977	1066	45	—	652	48997	303424	4616	38786	—	—
3268	ppm	48	—	5965	1180	54	—	725	50335	251896	2948	17621	—	—

编号	单位	Ba	W	Sr	U	Rb	Th	Sc	Ca	K	Cs	Te	Bal	Cl
3267	ppm	1025	—	225	—	172	28	—	39197	28183	99	131	524345	—
3268	ppm	881	—	222	—	159	32	—	29123	27353	131	211	427105	181604

丰9831

丰9832

续表

编号	单位	Sb	Sn	Cd	Pd	Ag	Mo	Nb	Zr	Bi	Pb	As	Zn	Cu
3279	ppm	70	43	28	—	28	—	23	251	20	31	—	29	47

编号	单位	Ni	Co	Fe	Mn	Cr	V	Ti	Al	S	P	Si	Mg	Hg
3279	ppm	—	—	11311	138	39	84	2996	71121	11224	—	197147	—	—

编号	单位	Ba	W	Sr	U	Rb	Th	Sc	Ca	K	Cs	Te	Bal	Cl
3279	ppm	747	—	94	—	143	15	—	3719	23816	99	154	674622	—

编号	单位	Sb	Sn	Cd	Pd	Ag	Mo	Nb	Zr	Bi	Pb	As	Zn	Cu
3295	ppm	126	66	44	—	26	—	20	266	—	35	16	93	46
3296	ppm	95	45	44	—	24	—	18	270	20	31	—	102	—

编号	单位	Ni	Co	Fe	Mn	Cr	V	Ti	Al	S	P	Si	Mg	Hg
3295	ppm	62	—	53298	886	72	98	3724	41411	1945	—	177957	—	—
3296	ppm	54	—	47779	562	48	53	3386	41272	1815	—	176091	—	—

编号	单位	Ba	W	Sr	U	Rb	Th	Sc	Ca	K	Cs	Te	Bal	Cl
3295	ppm	1035	—	85	—	98	10	66	20876	11225	149	230	687886	—
3296	ppm	1023	—	73	—	93	16	—	12519	11556	156	227	703775	—

#3279　丰9834

#3296　#3295　丰9836

续表

编号	单位	Sb	Sn	Cd	Pd	Ag	Mo	Nb	Zr	Bi	Pb	As	Zn	Cu
3332	ppm	83	55	47	27	23	—	15	34	—	26	—	65	—
3333	ppm	57	50	19	—	—	—	19	32	18	20	13	84	43

编号	单位	Ni	Co	Fe	Mn	Cr	V	Ti	Al	S	P	Si	Mg	Hg
3332	ppm	—	—	4122	261	89	36	478	34810	8155	—	249739	—	—
3333	ppm	62	—	3838	661	74	31	399	41388	4945	—	256927	—	—

编号	单位	Ba	W	Sr	U	Rb	Th	Sc	Ca	K	Cs	Te	Bal	Cl
3332	ppm	473	—	136	—	220	9	179	51702	15991	119	155	632030	—
3333	ppm	268.01	—	151	23	330	9	133	55002	16849	77	109	617235	—

编号	单位	Sb	Sn	Cd	Pd	Ag	Mo	Nb	Zr	Bi	Pb	As	Zn	Cu
3330	ppm	61	36	27	—	14	7	25	264	17	33	13	54	—
3331	ppm	61	32	29	—	13	—	20	279	—	32	12	62	41

编号	单位	Ni	Co	Fe	Mn	Cr	V	Ti	Al	S	P	Si	Mg	Hg
3330	ppm	—	177	12352	1656	557	366	1584	69848	6347	4676	297311	18567	—
3331	ppm	62	—	41239	316	119	121	5508	107726	10310	—	273030	—	—

编号	单位	Ba	W	Sr	U	Rb	Th	Sc	Ca	K	Cs	Te	Bal	Cl
3330	ppm	593	—	84	—	106	16	—	10635	21218	91	129	553348	—
3331	ppm	658	—	52	—	85	13	—	5894	13130	103	149	466425	69305

丰9837

丰9838

续表

编号	单位	Sb	Sn	Cd	Pd	Ag	Mo	Nb	Zr	Bi	Pb	As	Zn	Cu
3361	ppm	94	43	27	—	29	—	16	272	17	19	—	48	55
3362	ppm	94	53	40	—	17	—	20	274	22	22	—	43	80

编号	单位	Ni	Co	Fe	Mn	Cr	V	Ti	Al	S	P	Si	Mg	Hg
3361	单位	51	—	12658	958	112	73	4134	68350	5523	1288	172233	11655	—
3362	单位	101	—	33855	1150	120	142	4835	84025	15672	1369	202617	8189	—

编号	单位	Ba	W	Sr	U	Rb	Th	Sc	Ca	K	Cs	Te	Bal	Cl
3361	单位	1263	—	182	—	107	15	203	67913	10996	148	209	516205	128157
3362	单位	1221	—	201	—	106	14	—	67605	10109	134	209	486678	82597

编号	单位	Sb	Sn	Cd	Pd	Ag	Mo	Nb	Zr	Bi	Pb	As	Zn	Cu
3263	ppm	77	41	—	20	—	—	17	306	—	41	—	94	48
3264	ppm	71	46	25	21	16	—	22	316	19	29	—	123	54

编号	单位	Ni	Co	Fe	Mn	Cr	V	Ti	Al	S	P	Si	Mg	Hg
3263	ppm	87	—	54879	490	93	96	5235	79485	37795	—	200759	8997	—
3264	ppm	105	—	57749	482	81	156	5253	54153	142877	—	140325	—	—

编号	单位	Ba	W	Sr	U	Rb	Th	Sc	Ca	K	Cs	Te	Bal	Cl
3263	ppm	918	—	64	—	95	11	—	20104	12641	122	157	577497	—
3264	ppm	937	—	85	—	92	15	—	48698	12102	118	174	528784	—

丰9839

丰9840

续表

编号	单位	Sb	Sn	Cd	Pd	Ag	Mo	Nb	Zr	Bi	Pb	As	Zn	Cu
3334	ppm	96	32	33	—	—	—	22	240	28	7	—	61	—
3335	ppm	76	47	—	—	—	—	23	311	26	43	11	103	40

编号	单位	Ni	Co	Fe	Mn	Cr	V	Ti	Al	S	P	Si	Mg	Hg
3334	ppm	—	263	28420	—	61	59	3376	44354	1167	—	181406	—	—
3335	ppm	75	—	55973	582	147	173	7187	94088	2117	—	268068	—	—

编号	单位	Ba	W	Sr	U	Rb	Th	Sc	Ca	K	Cs	Te	Bal	Cl
3334	ppm	903	—	63	—	5	—	—	12026	4569	122	196	718662	—
3335	ppm	858	—	76	—	89	18	—	7178	11680	125	168	552959	—

编号	单位	Sb	Sn	Cd	Pd	Ag	Mo	Nb	Zr	Bi	Pb	As	Zn	Cu
3287	ppm	69	36	21	—	—	—	15	206	21	18	—	22	—

编号	单位	Ni	Co	Fe	Mn	Cr	V	Ti	Al	S	P	Si	Mg	Hg
3287	ppm	69	—	10231	222	137	110	4005	101003	26959	—	241681	—	—

编号	单位	Ba	W	Sr	U	Rb	Th	Sc	Ca	K	Cs	Te	Bal	Cl
3287	ppm	739	—	62	—	79	16	—	115573	15640	106	147	588300	—

#3334　#3335

丰9841

#3287

丰9842

续表

编号	单位	Sb	Sn	Cd	Pd	Ag	Mo	Nb	Zr	Bi	Pb	As	Zn	Cu
3350	ppm	59	44	28	—	14	—	22	319	25	36	15	61	86
3351	ppm	77	35	21	—	14	—	20	312	19	34	14	66	47

编号	单位	Ni	Co	Fe	Mn	Cr	V	Ti	Al	S	P	Si	Mg	Hg
3350	ppm	52	180	12896	1291	99	95	3911	57808	14836	7173	257300	—	—
3351	ppm	—	312	43216	516	72	144	4568	59112	15524	1823	227452	—	—

编号	单位	Ba	W	Sr	U	Rb	Th	Sc	Ca	K	Cs	Te	Bal	Cl
3351	ppm	705	—	112	—	92	19	—	80071	13146	106	151	543050	—
3350	ppm	794	—	67	—	83	17	—	39882	11253	116	166	557124	—

编号	单位	Sb	Sn	Cd	Pd	Ag	Mo	Nb	Zr	Bi	Pb	As	Zn	Cu
3338	ppm	119	70	37	23	20	—	33	42	26	27	—	55	—
3339	ppm	96	57	38	—	21	—	30	43	—	22	—	59	—
3340	ppm	120	70	53	—	—	—	41	60	32	36	—	421	—

编号	单位	Ni	Co	Fe	Mn	Cr	V	Ti	Al	S	P	Si	Mg	Hg
3338	ppm	—	—	4028	451	—	—	365	45614	13828	—	227777	—	—
3339	ppm	50	—	3677	901	66	—	302	42230	8309	—	262679	—	—
3340	ppm	—	—	13989	508	72	—	429	39416	11813	—	147867	—	—

编号	单位	Ba	W	Sr	U	Rb	Th	Sc	Ca	K	Cs	Te	Bal	Cl
3338	ppm	703	—	41	—	390	13	121	41438	25534	150	239	628051	—
3339	ppm	605	—	50	—	388	—	117	42167	27530	138	215	608408	—
3340	ppm	899	—	35	—	442	21	—	2751	12265	177	263	765823	—

丰9843

丰9844

续表

编号	单位	Sb	Sn	Cd	Pd	Ag	Mo	Nb	Zr	Bi	Pb	As	Zn	Cu
3365	ppm	84	62	43	—	15	—	34	65	—	30	—	35	—
3366	ppm	—	—	—	—	—	—	—	61	—	24	—	43	—

编号	单位	Ni	Co	Fe	Mn	Cr	V	Ti	Al	S	P	Si	Mg	Hg
3365	ppm	57	—	6365	505	—	—	613	50158	665	—	278750	—	—
3366	ppm	—	—	12553	352	97	—	1228	74753	14315	—	184695	9483	—

编号	单位	Ba	W	Sr	U	Rb	Th	Sc	Ca	K	Cs	Te	Bal	Cl
3365	ppm	682	—	72	21	454	—	117	28840	31558	137	197	598563	—
3366	ppm	307	—	25	—	498	12		18803	19323	—	—	664267	—

编号	单位	Sb	Sn	Cd	Pd	Ag	Mo	Nb	Zr	Bi	Pb	As	Zn	Cu
3284	ppm	41	25	22	—	—	15	31	159	42	31	54	97	41

编号	单位	Ni	Co	Fe	Mn	Cr	V	Ti	Al	S	P	Si	Mg	Hg
3284	ppm	—	—	5586	1137	56	—	706	33694	5494	3778	244228	—	—

编号	单位	Ba	W	Sr	U	Rb	Th	Sc	Ca	K	Cs	Te	Bal	Cl
3284	ppm	535	—	299	—	168	31	95	32750	29587	51	97	638750	—

#3365 #3366 丰9845

#3284 丰9846

续表

编号	单位	Sb	Sn	Cd	Pd	Ag	Mo	Nb	Zr	Bi	Pb	As	Zn	Cu
3280	ppm	42	23	—	—	—	—	28	353	28	26	—	44	40
3281	ppm	97	53	33	—	16	—	23	283	22	32	14	735	45

编号	单位	Ni	Co	Fe	Mn	Cr	V	Ti	Al	S	P	Si	Mg	Hg
3280	ppm	54	—	13965	171	98	73	5380	69950	5347	3153	276826	—	—
3281	ppm	—	—	49860	903	75	—	6544	37155	3865	1304	153148	—	—

编号	单位	Ba	W	Sr	U	Rb	Th	Sc	Ca	K	Cs	Te	Bal	Cl
3280	ppm	667	—	57	—	80	19	—	13554	6338	88	126	601761	—
3281	ppm	1033	—	72	—	96	19	—	4210	8352	140	209	730633	—

丰9847

编号	单位	Sb	Sn	Cd	Pd	Ag	Mo	Nb	Zr	Bi	Pb	As	Zn	Cu
3341	ppm	49	20	24	—	—	—	26	246	—	23	12	69	54
3342	ppm	68	—	—	—	—	—	—	301	27	28	10	65	35

编号	单位	Ni	Co	Fe	Mn	Cr	V	Ti	Al	S	P	Si	Mg	Hg
3341	ppm	111	—	48603	1135	157	—	4847	49192	—	5720	190465	—	—
3342	ppm	68	—	30723	282	145	167	7118	97503	2513	1291	278386	—	—

编号	单位	Ba	W	Sr	U	Rb	Th	Sc	Ca	K	Cs	Te	Bal	Cl
3341	ppm	806	—	182	—	85	20	—	76649	7070	—		614719	—
3342	ppm	929	—	53	—	87	21	—	3070	11977	94	129	459186	107205

丰9848

续表

编号	单位	Sb	Sn	Cd	Pd	Ag	Mo	Nb	Zr	Bi	Pb	As	Zn	Cu
3289	ppm	76	47	38	—	—	—	18	259	19	42	22	103	61
3290	ppm	78	46	27	—	—	—	23	286	25	39	20	98	58

编号	单位	Ni	Co	Fe	Mn	Cr	V	Ti	Al	S	P	Si	Mg	Hg
3289	ppm	76	—	48795	1664	113	73	3515	44995	12058	9666	157634	—	—
3290	ppm	76	—	51501	1211	94	120	6678	62133	3075	6725	209914	—	—

编号	单位	Ba	W	Sr	U	Rb	Th	Sc	Ca	K	Cs	Te	Bal	Cl
3289	ppm	954	—	120	—	88	17	—	94643	7579	124	206	619265	—
3290	ppm	1006	—	131	—	112	19	—	52292	11326	135	165	594121	—

丰9849

编号	单位	Sb	Sn	Cd	Pd	Ag	Mo	Nb	Zr	Bi	Pb	As	Zn	Cu
3326	ppm	71	36	29	—	13	—	23	288	23	37	—	109	35
3327	ppm	83	40	41	19	—	—	20	329	—	38	12	90	61

编号	单位	Ni	Co	Fe	Mn	Cr	V	Ti	Al	S	P	Si	Mg	Hg
3326	ppm	—	—	24375	253	98	98	5924	77960	1095	3489	231298	—	—
3327	ppm	87	—	53106	797	81	176	5780	88136	11693	—	284871	11198	—

编号	单位	Ba	W	Sr	U	Rb	Th	Sc	Ca	K	Cs	Te	Bal	Cl
3326	ppm	772	—	60	13	83	20	—	26458	6270	102	133	620889	—
3327	ppm	920	—	83	—	112	14	—	11178	15023	120	154	517186	—

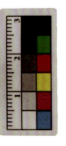

丰9850

续表

编号	单位	Sb	Sn	Cd	Pd	Ag	Mo	Nb	Zr	Bi	Pb	As	Zn	Cu
3328	ppm	80	48	—	—	19	—	27	351	32	33	13	70	37
3329	ppm	83	45	—	—	13	—	27	343	21	38	21	86	61

编号	单位	Ni	Co	Fe	Mn	Cr	V	Ti	Al	S	P	Si	Mg	Hg
3328	ppm	—	525	26385	221	110	104	6159	88174	9260	—	272434	—	—
3329	ppm	117	—	66040	302	136	240	7884	116003	25182	—	242206	17698	—

编号	单位	Ba	W	Sr	U	Rb	Th	Sc	Ca	K	Cs	Te	Bal	Cl
3328	ppm	800	—	49	—	76	24	—	3905	4523	130	175	582470	—
3329	ppm	818	—	51	—	75	18	—	12153	10860	123	168	501292	—

编号	单位	Sb	Sn	Cd	Pd	Ag	Mo	Nb	Zr	Bi	Pb	As	Zn	Cu
3367	ppm	81	34	21	—	16	—	24	307	25	36	—	124	64

编号	单位	Ni	Co	Fe	Mn	Cr	V	Ti	Al	S	P	Si	Mg	Hg
3367	ppm	55	—	51083	365	111	163	7246	105940	1235	—	265985	10982	—

编号	单位	Ba	W	Sr	U	Rb	Th	Sc	Ca	K	Cs	Te	Bal	Cl
3367	ppm	820	—	57	—	75	19	—	4381	11619	116	182	542148	—

丰9851

丰9852

续表

编号	单位	Sb	Sn	Cd	Pd	Ag	Mo	Nb	Zr	Bi	Pb	As	Zn	Cu
3363	ppm	74	34	33	—	17	—	23	310	18	49	25	65	52
3364	ppm	81	39	29	—	18	—	25	322	—	48	26	95	47
编号	单位	Ni	Co	Fe	Mn	Cr	V	Ti	Al	S	P	Si	Mg	Hg
3363	ppm	99	—	67895	2350	163	188	9266	62422	5169	5979	154101	—	—
3364	ppm	90	—	66386	909	144	155	6928	59692	3275	3210	216387	—	—
编号	单位	Ba	W	Sr	U	Rb	Th	Sc	Ca	K	Cs	Te	Bal	Cl
3363	ppm	994	—	69	—	96	17	—	27096	10281	125	147	659998	—
3364	ppm	1118	—	73	—	89	14	—	25019	8983	147	178	612522	—

丰9853

编号	单位	Sb	Sn	Cd	Pd	Ag	Mo	Nb	Zr	Bi	Pb	As	Zn	Cu
3299	ppm	44	28	—	—	—	—	24	348	21	28	—	68	—
3300	ppm	87	53	61	—	25	—	20	304	17	27	—	49	—
编号	单位	Ni	Co	Fe	Mn	Cr	V	Ti	Al	S	P	Si	Mg	Hg
3299	ppm	—	—	10953	—	112	145	6290	59218	12545	2384	296205	—	—
3300	ppm	—	—	16823	—	180	42	2657	23172	2981	—	142822	—	—
编号	单位	Ba	W	Sr	U	Rb	Th	Sc	Ca	K	Cs	Te	Bal	Cl
3299	ppm	504	—	62	—	97	17	—	20173	11658	63	113	516437	57042
3300	ppm	763	—	56	—	78	13	—	4521	3807	138	267	792461	—

丰9855

续表

编号	单位	Sb	Sn	Cd	Pd	Ag	Mo	Nb	Zr	Bi	Pb	As	Zn	Cu
3291	ppm	75	59	30	—	19	—	25	405	46	59	—	343	39
3292	ppm	63	47	—	—	12	—	29	429	51	59	—	65	38

编号	单位	Ni	Co	Fe	Mn	Cr	V	Ti	Al	S	P	Si	Mg	Hg
3291	ppm	—	—	37481	384	71	—	4903	49452	1322	2391	122522	—	—
3292	ppm	72	—	43017	262	137	96	5988	175182	6295	—	210729	—	—

编号	单位	Ba	W	Sr	U	Rb	Th	Sc	Ca	K	Cs	Te	Bal	Cl
3291	ppm	793	—	63	—	197	36	—	37032	10644	123	143	725728	—
3292	ppm	668	—	47	—	189	37	—	3412	12242	92	128	534157	—

编号	单位	Sb	Sn	Cd	Pd	Ag	Mo	Nb	Zr	Bi	Pb	As	Zn	Cu
3352	ppm	90	44	38	—	—	—	20	300	29	20	12	68	53
3353	ppm	85	40	25	—	16	—	19	326	23	32	—	65	58
3354	ppm	83	49	36	19	—	—	20	325	26	26	15	89	45

编号	单位	Ni	Co	Fe	Mn	Cr	V	Ti	Al	S	P	Si	Mg	Hg
3352	ppm	54	—	42332	788	147	123	5658	47851	6153	16447	211753	—	—
3353	ppm	62	299	36225	324	104	104	4888	58821	13096	4618	261282	—	—
3354	ppm	101	—	54181	974	118	162	7153	91706	6159	1821	245816	—	—

编号	单位	Ba	W	Sr	U	Rb	Th	Sc	Ca	K	Cs	Te	Bal	Cl
3352	ppm	915	—	77	—	88	22	—	52131	10602	138	220	599907	—
3353	ppm	819	—	59	13	85	19	—	36657	13488	124	153	569371	—
3354	ppm	795	—	52	—	78	20	—	9050	11241	137	150	572247	—

丰9856

丰9857

续表

编号	单位	Sb	Sn	Cd	Pd	Ag	Mo	Nb	Zr	Bi	Pb	As	Zn	Cu
3293	ppm	96	58	34	—	21	—	24	295	36	29	—	68	74
3294	ppm	64	36	35	—	—	—	27	335	39	32	—	72	—

编号	单位	Ni	Co	Fe	Mn	Cr	V	Ti	Al	S	P	Si	Mg	Hg
3293	ppm	60	—	11171	1220	124	59	2881	50786	911	4860	207300	—	—
3294	ppm	82	—	11033	347	73	82	3761	79029	19756	2442	250791	—	—

编号	单位	Ba	W	Sr	U	Rb	Th	Sc	Ca	K	Cs	Te	Bal	Cl
3293	ppm	943	—	129	—	138	25	—	79222	11072	152	227	629418	—
3294	ppm	775	—	51	14	164	27	—	42920	13174	120	146	575754	—

编号	单位	Sb	Sn	Cd	Pd	Ag	Mo	Nb	Zr	Bi	Pb	As	Zn	Cu
3297	ppm	109	42	42	25	19	—	18	301	30	30	56	102	66
3298	ppm	73	31	33	—	17	—	23	307	21	35	—	77	47

编号	单位	Ni	Co	Fe	Mn	Cr	V	Ti	Al	S	P	Si	Mg	Hg
3297	ppm	71	—	47413	819	91	150	4510	53210	15644	5899	235982	—	—
3298	ppm	79	—	32857	172	94	138	4854	83941	10409	1800	259693	10480	—

编号	单位	Ba	W	Sr	U	Rb	Th	Sc	Ca	K	Cs	Te	Bal	Cl
3297	ppm	1075	—	225	—	81	22	—	95738	11800	146	237	532075	—
3298	ppm	804	—	89	—	97	17	—	6161	11370	98	131	575285	—

丰9858

丰9859

续表

编号	单位	Cu	Zn	As	Pb	Bi	Zr	Nb	Mo	Ag	Pd	Cd	Sn	Sb
3269	ppm	57	73	13	24	29	309	28	—	—	—	21	35	58
3270	ppm	57	77	—	39	32	291	27	—	—	—	44	45	91

编号	单位	Hg	Mg	Si	P	S	Al	Ti	V	Cr	Mn	Fe	Co	Ni
3269	ppm	—	—	300885	—	42584	92449	6811	134	109	185	19247	357	72
3270	ppm	—	—	145560	1308	68379	75614	5472	166	105	300	46029	292	88

编号	单位	Cl	Bal	Te	Cs	K	Ca	Sc	Th	Rb	U	Sr	W	Ba
3269	ppm	—	493207	125	100	11386	23319	—	23	105	—	56	—	889
3270	ppm	54373	532729	190	132	12473	59842	—	20	104	—	58	—	936

编号	单位	Cu	Zn	As	Pb	Bi	Zr	Nb	Mo	Ag	Pd	Cd	Sn	Sb
3275	ppm	32	163	—	39	33	404	28	—	13	16	25	37	70

编号	单位	Hg	Mg	Si	P	S	Al	Ti	V	Cr	Mn	Fe	Co	Ni
3275	ppm	—	—	278849	1881	13476	71793	4376	81	115	212	5377	—	—

编号	单位	Cl	Bal	Te	Cs	K	Ca	Sc	Th	Rb	U	Sr	W	Ba
3275	ppm	—	578373	130	90	11580	30960	—	21	154	—	43	—	601

#3269　#3270　丰9860

#3275　丰9861

续表

编号	单位	Cu	Zn	As	Pb	Bi	Zr	Nb	Mo	Ag	Pd	Cd	Sn	Sb
3260	ppm	53	74	—	28	21	292	23	—	—	—	24	35	56

编号	单位	Hg	Mg	Si	P	S	Al	Ti	V	Cr	Mn	Fe	Co	Ni
3260	ppm	—	—	131748	—	145511	46009	6016	81	93	267	32881	—	57

编号	单位	Cl	Bal	Te	Cs	K	Ca	Sc	Th	Rb	U	Sr	W	Ba
3260	ppm	—	588337	147	105	10057	42481	—	18	90	—	59	—	673

丰9862

编号	单位	Cu	Zn	As	Pb	Bi	Zr	Nb	Mo	Ag	Pd	Cd	Sn	Sb
3261	ppm	56	48	—	24	20	353	26	—	14	—	28	41	70

编号	单位	Hg	Mg	Si	P	S	Al	Ti	V	Cr	Mn	Fe	Co	Ni
3261	ppm	—	7860	283783	1380	1620	96550	7255	117	113	237	18087	—	54

编号	单位	Cl	Bal	Te	Cs	K	Ca	Sc	Th	Rb	U	Sr	W	Ba
3261	ppm	—	574888	157	118	6916	2978	—	15	91	—	55	—	825

丰9863

续表

编号	单位	Sb	Sn	Cd	Pd	Ag	Mo	Nb	Zr	Bi	Pb	As	Zn	Cu
3276	ppm	—	—	—	—	—	7	29	361	21	28	—	42	49
3277	ppm	35	24	30	—	14	—	23	337	—	38	—	206	53

编号	单位	Ni	Co	Fe	Mn	Cr	V	Ti	Al	Si	P	S	Mg	Hg
3276	ppm	—	336	17531	315	135	174	7239	126841	319377	—	14620	—	—
3277	ppm	69	—	61421	765	166	166	6635	101631	235255	—	21420	9733	—

编号	单位	Ba	W	Sr	U	Rb	Th	Sc	Ca	K	Cs	Te	Bal	Cl
3276	ppm	243	65	60	—	73	16	—	6610	7402	16	—	495129	—
3277	ppm	540	—	54	—	84	12	—	10607	11640	54	77	540210	—

编号	单位	Sb	Sn	Cd	Pd	Ag	Mo	Nb	Zr	Bi	Pb	As	Zn	Cu
3278	ppm	57	28	—	—	12	—	25	377	27	23	8	56	—

编号	单位	Ni	Co	Fe	Mn	Cr	V	Ti	Al	Si	P	S	Mg	Hg
3278	ppm	—	195	13101	133	90	111	5761	76671	257298	3914	15701	—	13

编号	单位	Ba	W	Sr	U	Rb	Th	Sc	Ca	K	Cs	Te	Bal	Cl
3278	ppm	369	—	58	—	82	21	—	31635	10028	47	90	468415	118470

丰9864

丰9865

续表

编号	单位	Sb	Sn	Cd	Pd	Ag	Mo	Nb	Zr	Bi	Pb	As	Zn	Cu
3271	ppm	61	34	31	—	—	—	24	383	29	37	—	48	33
3272	ppm	79	48	44	—	17	—	20	312	28	38	—	79	50

编号	单位	Ni	Co	Fe	Mn	Cr	V	Ti	Al	S	P	Si	Mg	Hg
3271	ppm	44	—	16088	236	67	79	6475	115571	1613	—	320941	—	—
3272	ppm	47	—	6442	2038	57	—	3279	44082	5347	19280	204594	—	—

编号	单位	Ba	W	Sr	U	Rb	Th	Sc	Ca	K	Cs	Te	Bal	Cl
3271	ppm	736	—	51	—	96	23	—	3915	11271	102	166	524050	—
3272	ppm	763	—	135	—	109	18	151	76360	10590	116	171	617794	—

编号	单位	Sb	Sn	Cd	Pd	Ag	Mo	Nb	Zr	Bi	Pb	As	Zn	Cu
3262	ppm	45	32	18	17	—	—	19	319	21	27	23	88	48

编号	单位	Ni	Co	Fe	Mn	Cr	V	Ti	Al	S	P	Si	Mg	Hg
3262	ppm	51	—	59939	420	135	169	6547	53073	105574	—	173054	—	—

编号	单位	Ba	W	Sr	U	Rb	Th	Sc	Ca	K	Cs	Te	Bal	Cl
3262	ppm	544	—	83	—	108	15	—	38985	13171	69	103	553144	—

丰9866

丰9869

后　　记

　　为配合长江三峡工程建设，重庆市文物部门报经国家文物局批准，组织全国各省、市有关文物考古单位参加库区淹没线以下文物的抢救性发掘。河北省文物考古研究院在丰都县文物管理所协助下，于2002年、2004年先后对麻柳嘴遗址进行了两次考古发掘。在考古发掘、资料整理、报告编写过程中，得到了重庆市文化局、重庆市文物局、重庆市文物考古研究院、丰都县文物管理所、科学出版社的大力支持，在此一并表示衷心的谢意！

　　本报告由河北省文物考古研究院刘连强执笔，陶瓷遗物成分检测由李辰元等负责。

www.sciencep.com

SCPC-BZBDZF11-0015

ISBN 978-7-03-078724-8

9 787030 787248 >

定 价: 238.00元